満点ゲットシリーズ

こちら葛飾区亀有公園前派出所 両さんの

日本史大達人①

縄文時代～平安時代

キャラクター原作／
秋本 治
監修／
吉村

もくじ

日本の史跡マップ

この巻で勉強する、歴史の舞台となった場所を表した地図です。どこで何が起こったのか、この本を読んで、知っておきましょう。

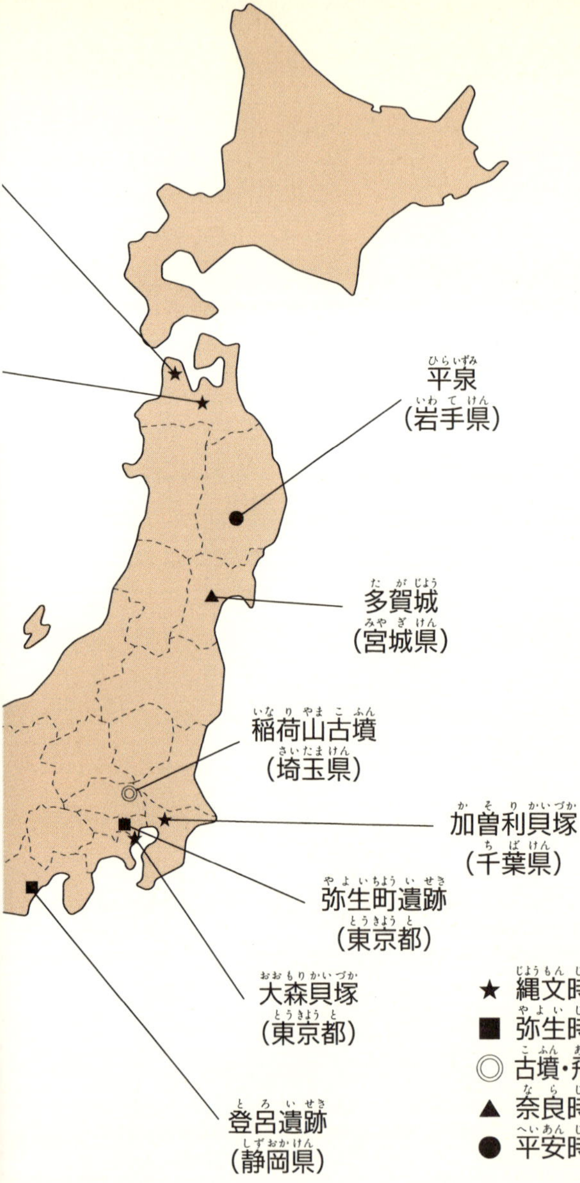

★ 縄文時代の史跡
■ 弥生時代の史跡
◎ 古墳・飛鳥時代の史跡
▲ 奈良時代の史跡
● 平安時代の史跡

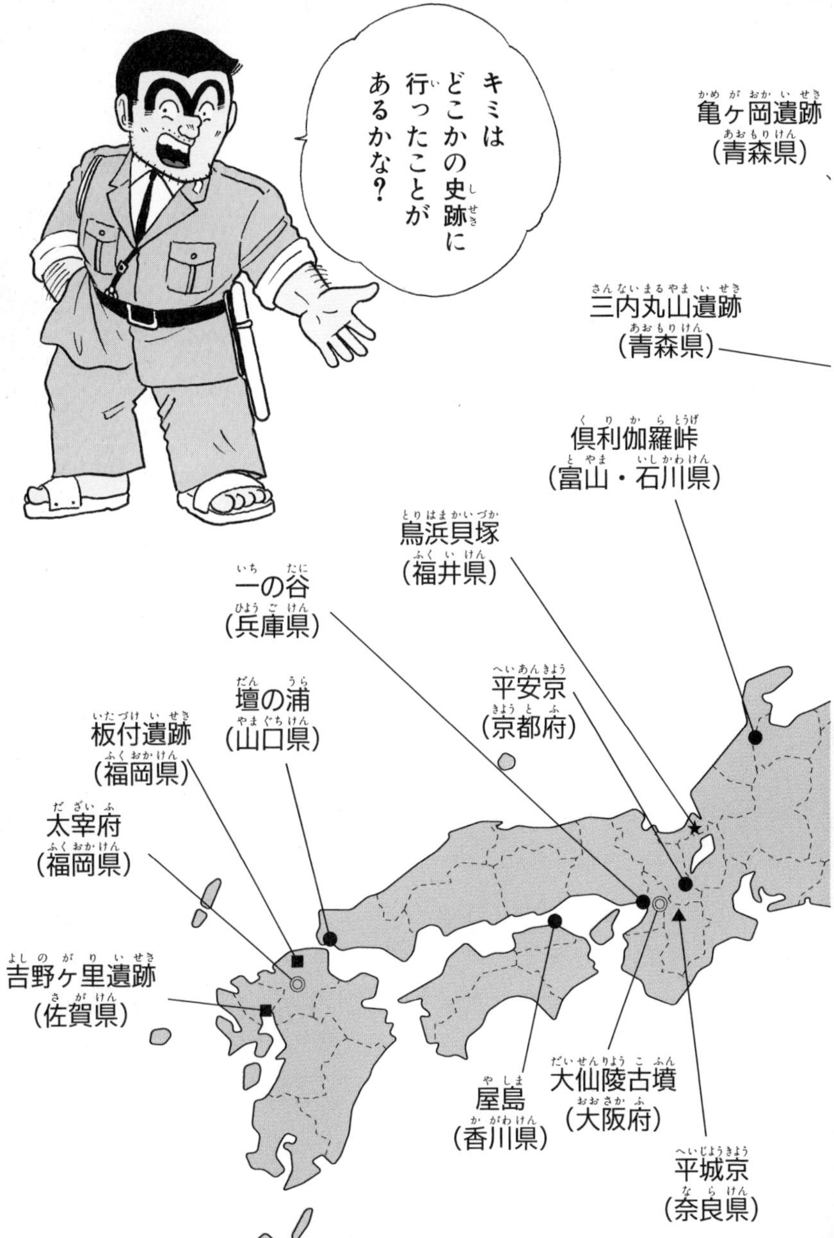
キミはどこかの史跡に行ったことがあるかな？
亀ヶ岡遺跡（青森県）
三内丸山遺跡（青森県）
倶利伽羅峠（富山・石川県）
鳥浜貝塚（福井県）
一の谷（兵庫県）
平安京（京都府）
壇の浦（山口県）
板付遺跡（福岡県）
太宰府（福岡県）
吉野ヶ里遺跡（佐賀県）
屋島（香川県）
大仙陵古墳（大阪府）
平城京（奈良県）

読者のみなさんへ

みなさんは、おじいちゃんやおばあちゃんがどのように生きてきたのか、一度はご両親から聞いたことがあるでしょう。しかし、そのおじいちゃんの先祖となると、はてなマーク(?)がついてしまいます。

しかし、考えてみると、疑問に思うもの事はいくらでもあります。最近では髪の毛の色をかえるお兄さんお姉さんがふえました。こうしたファッションも、時代ごとに変化しています。キミの好きなカレーライスも、かつては高級料理でした。毎食後に飲むお茶も、昔は薬だったというぐあいに、身近な食品にも歴史があります。

このように、現在のキミの生活も過去の歴史の影響をうけています。ということは、未来の生き方も、これまでの歴史と無縁ではないということです。この日本列島では、いったいどのような人間のドラマがあったのか、両さんを通じて考えてみようではありませんか。

吉村武彦

1945年朝鮮大邱生まれ。1968年東京大学文学部国史学科卒業。同大学院国史学専攻博士課程中退。現在、明治大学文学部教授。専門は日本古代史。著書に『日本古代の社会と国家』『古代王権の展開』『古代天皇の誕生』など。

序章
——両さんの京都珍道中の巻——

■年号早覚え■ 左ページの下に書いてあるできごとが、起こった年がわかるかな。
ページをめくると、答えと覚え方がのってるよ！

両津勘吉
亀有公園前派出所勤務の警察官。何にでも興味を持つトラブルメーカー。通称、両さん。

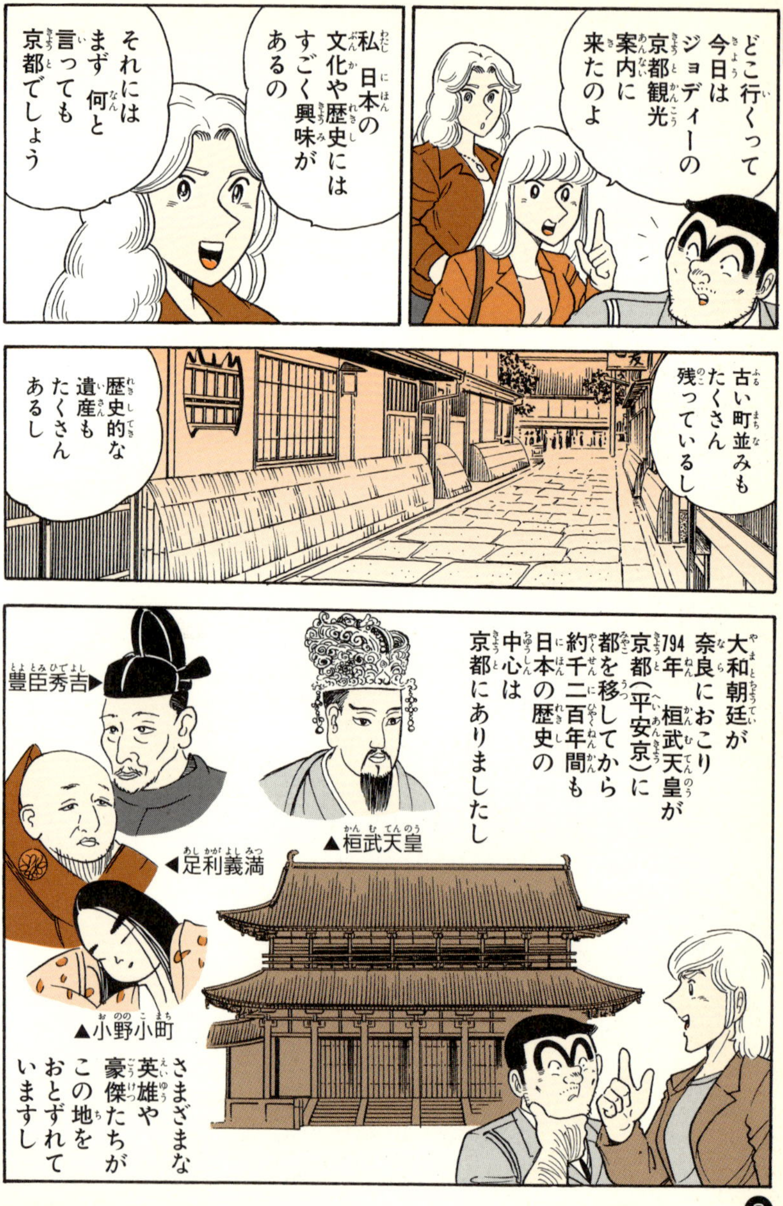

イヤなら来なくてもいいのよ
ちっ わかったよ
鹿苑寺金閣
平等院 鳳凰堂
竜安寺石庭
きれいなお寺がたくさん!!
ふわあ〜っ
慈照寺銀閣

中川圭一

亀有公園前派出所勤務の警察官。大金持ちの息子。両さんの起こす騒動によく巻きこまれる。

 奴国王、漢の皇帝から金印を受ける

秋本麗子

亀有公園前派出所勤務の警察官。神戸の大貿易商のお嬢さま。美人だが気が強い。

邪馬台国女王、卑弥呼が魏に使いを送る

ジョディー　アメリカ海兵隊員。美人だがなみの男よりはるかに強い。結婚相手に自分より強い男を望んでいる。

239年・魏には卑弥呼から文（23 9 ふみ）が来る

当たり前ですよ
今どきこんなの信じるのは両ちゃんだけね
5万円もかけたのに…必ず元をとってやる!!
安いぞ安いぞ!!
Oh!ジャパニーズホリダシモノ
これは聖徳太子のだ!!
Japanese Otakara!
どうしますほっときますか
日本のいいはじさらしね
日本人にはばれるから外国人観光客をねらうとは…

ボルボ西郷

海外で傭兵をした後、警察官になる。ジョディーのことが好き。忍者の家系の出身。

日本の夜あけ

旧石器時代・縄文時代

約10数万年前～紀元前400年ごろ

縄文時代
—サバイバルキャンプの巻—
家族サバイバル教室
何なんですかこれは?
キャンプ場を利用して家族で自然に親しもうという企画だ
私たちも警備をかねて参加することになった

最近はアウトドアがブームですからね
それはいいが
何でこんなとこでやるんだ?
ついでに日本人の祖先の生活を体験学習するためです
たしかに縄文時代の生活じゃサバイバルだな
大むかし 日本人は大陸と陸続きの時
動物を追って日本列島にわたり住んだと言われています

大原部長

葛飾署の部長で亀有公園前派出所の班長。よく騒動を起こす両さんに頭をいためている。

両さんメモ

ナウマンゾウは、その化石を研究したエドムント・ナウマンという学者の名前からつけられたんだ。日本でも鈴木さんという人が発見した恐竜の化石はフタバスズキリュウと名づけられているぞ。化石を発掘したり研究したら、きみの名前が残るかもしれんぞ。

寺井洋一

亀有公園前派出所勤務。両さんや中川にくらべるといたってまじめでふつうの警察官。

両さんメモ

人類が生まれる前に生きていた恐竜は、6500万年ぐらい前に絶滅してしまった。絶滅の原因ははっきりしていないけど、そのころは生物にとってきびしい環境だったらしい。その環境をゴキブリは耐えぬき、今もむかしと変わらない姿で生き残っている。

持ちきれねぇな
縄文人をまねて
カゴを作るか
もっと力を入れてやってみろ
何だ まだ火がおきないのか
すごい!! これみんな両ちゃんがとったの!
まぁな
木を回転させて ここの木くずに 火をおこすんだけど……
わしに貸してみろ

両さんメモ

大むかしの人々は、木や石や水などの自然物にはすべて神やたましいが宿ると考えて、自然物をおそれ、うやまっていたんだ。このように自然をあがめることを「アニミズム」っていうんだぜ。アニメーションということばは、ここから生まれたんだ。

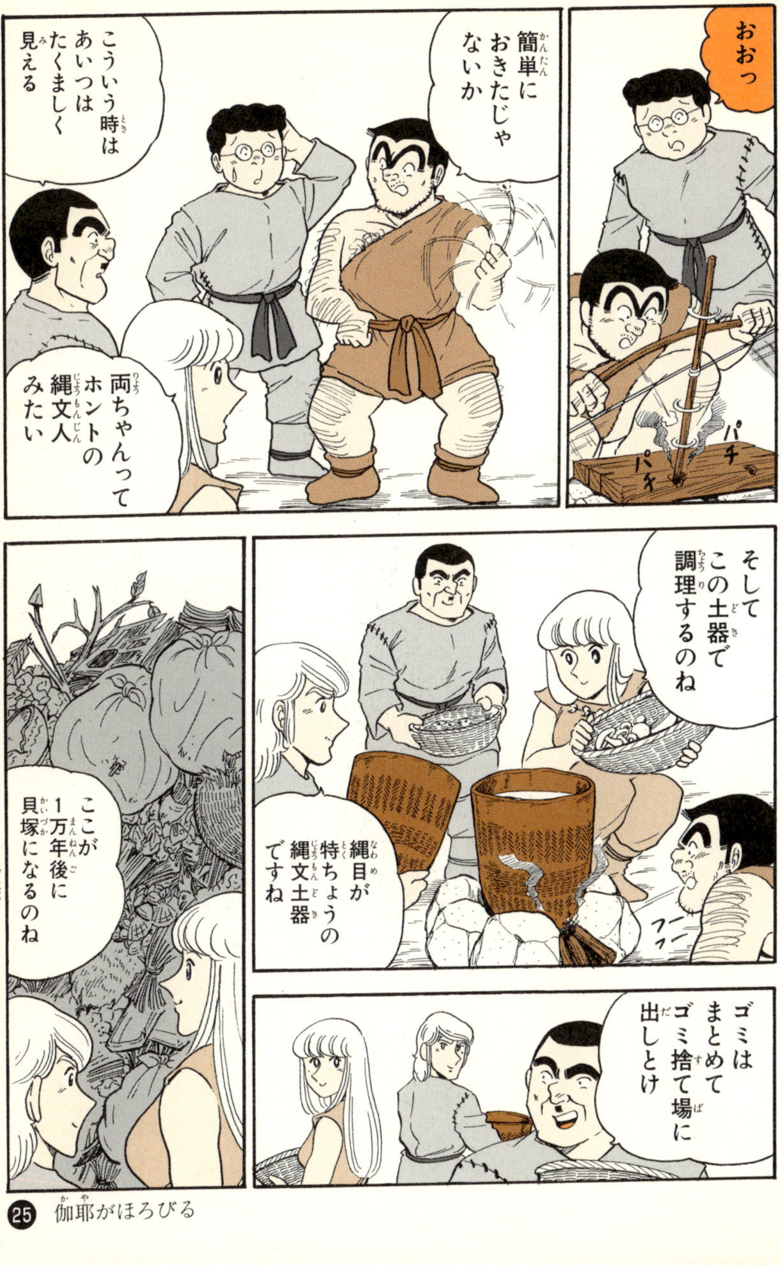

縄文人のゴミ捨て場と言われている貝塚の発見で縄文時代の存在が明らかになったわけです
大森
東京都
1877年アメリカの動物学者エドワード・モースが東京の大森で発見しました
おまわりさん火がおきないんですが
両津行ってやれ
ちっしょーがないな……
おまわりさんカゴの作り方教えてよ
魚がとれないんだけど
両さんこの木の実食べられるのかな
待てよ!!

両さんメモ

縄文時代にまじないの意味をこめて作られた土偶は、ほとんどがこわれた形で見つかっている。これは、わざとこわされたのだと考えられているぞ。土偶の足の付け根や首の部分などは、こわれやすいように作られているしな。

587年・物部氏、明日からはごはんなし

両さんメモ

縄文時代の人々は、石器の他にシカやイノシシの骨や角などで、つり針やもりなどを作っていた。これを骨角器っていうんだ。また骨や角は、ネックレスやかんざしのようなアクセサリーにも使われていたんだ。大型の貝もアクセサリーにしたんだぞ。

旧石器時代・縄文時代
約10数万年前〜紀元前400年ごろ

▲ナウマンゾウを水辺に追いこんで狩る。

▲二本足で歩く

▲道具や火を使う

氷河期

大むかし、気温がとても低く地球の大半が氷におおわれていた時期を氷河期といいます。氷河期は約200万〜1万年前の間に4〜6回ありました。氷河期には中国大陸と日本は陸続きでしたが、氷河期が終わってとけた氷で海面が上昇すると、海水で大陸とは分けられました。

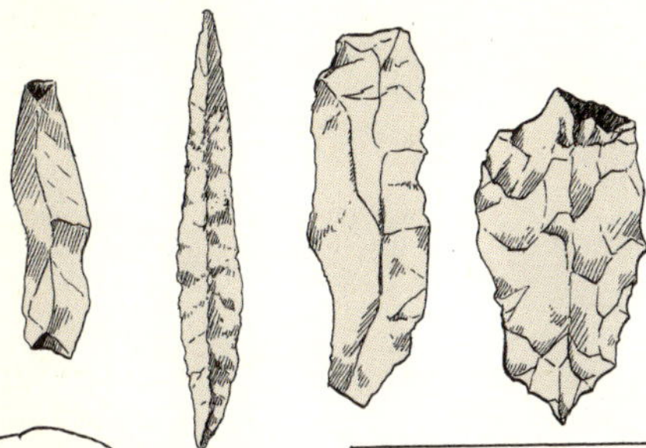

旧石器時代の人々は石をくだいて作った打製石器を使っていました。使い方によって、いろいろな形のものがありました。

石器もどんどん進化して、縄文時代になると、石をみがいて作った磨製石器が使われます。

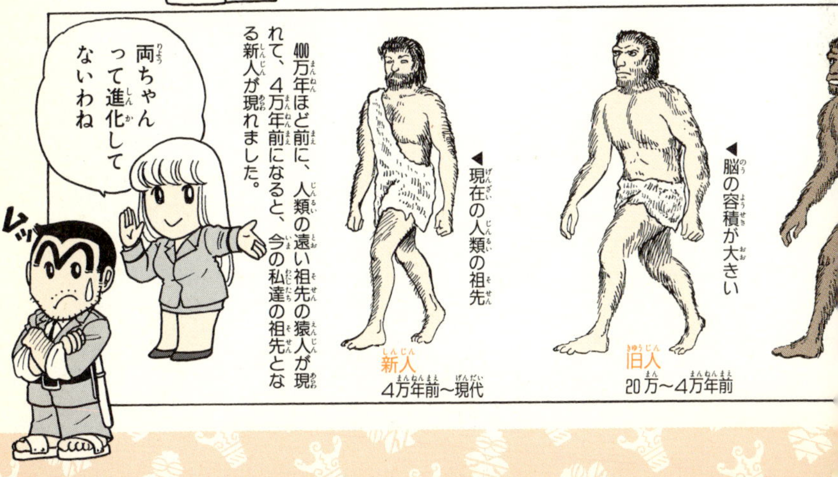

縄文時代

1万3000年前～紀元前400年ころ

世界最古の土器 縄文土器

◀尖底土器

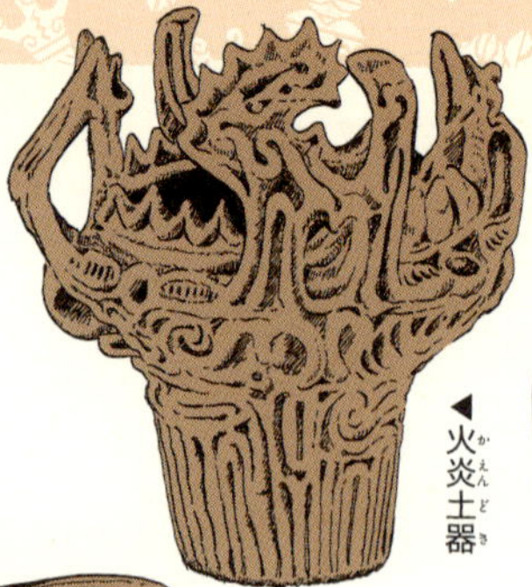

◀火炎土器

◀注口土器

焼く前の土器に縄を直接おしつけたり、棒を使ったりして土器にさまざまな

土器の出現によって、食べ物を煮たきできるようになり、保存もできるようになりました。それによって生活が安定して、ゆたかなくらしをしていました。

貝塚の発見

貝がら、魚やけものの骨、こわれた土器などを捨てた場所を、貝塚といいます。1877（明治10）年にアメリカ人の動物学者モースが東京の大森貝塚を発見して、日本の貝塚研究が始まりました。

内陸の方にも貝塚があるのは、縄文時代と現在とでは海岸線がちがうからです。

●…貝塚のあと

平等な社会
縄文のムラ
縄文時代も狩りと採集の生活で季節によって移動してたんだ
それでも百数十人も住むムラもあったのよ
もようをつけました。
住居はたて穴住居 穴を掘ってわらをつんで作ったんだ
あんがいすずしいよ
土砂が積もったりうめ立てたりで海岸線は変わるんだ
現在の海岸線
縄文時代の海岸線

さまざまな風習(ふうしゅう) 縄文時代(じょうもんじだい)のくらし

屈葬(くっそう)

▲人が死ぬと、死者がわざわいを起こさないように、足を折り曲げてしばってうめた。

土偶(どぐう)

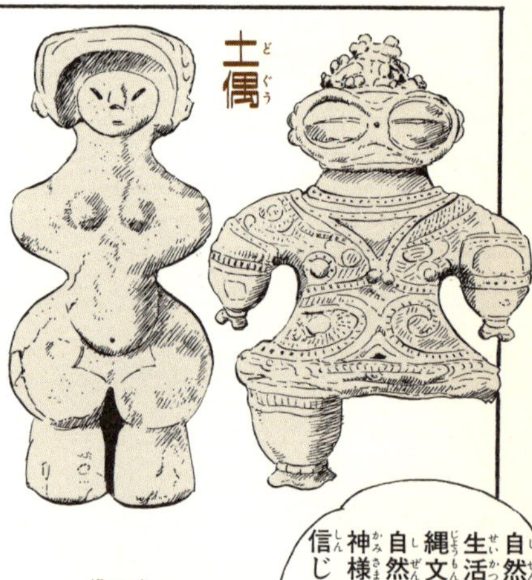

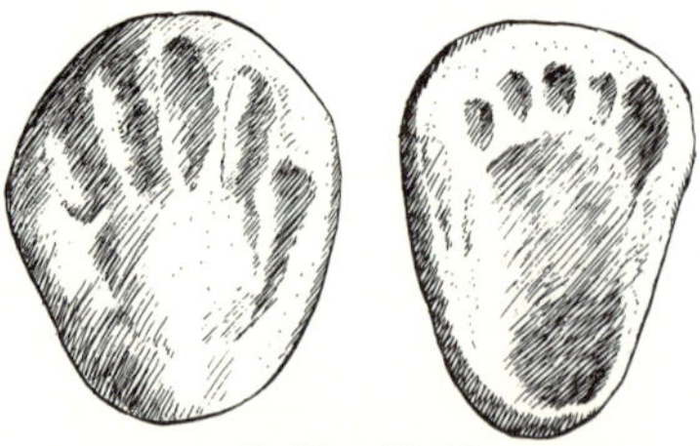

手形・足形(てがた・あしがた)

▲赤ちゃんが生まれると、ねん土で手形や足形を取った。元気に成長するようにという願いがあったと思われる。

抜歯(ばっし)

▲成人式などの儀式で、歯を抜いた。呪術者など、特別な役割を持った人は歯をけずった。

このころの世界の動き

400万年前
- 人類が生まれる。

4万～3万年前
- 現在の人類の直接の祖先である新人が現れ、フランス南部やスペイン北部の洞窟に壁画を残す。

紀元前3000年ごろ
- エジプトのナイル川流域にエジプト文明がおこる。王のピラミッドが作られる。
- 西アジアのチグリス、ユーフラテス川流域にメソポタミア文明がおこる。くさび形文字が使われる。

紀元前2500年ごろ
- インドのインダス川流域にインダス文明がおこる。きびしい身分制度があった。

紀元前1600年ごろ
- 中国黄河流域に殷という国がおこる。漢字のもとになる甲骨文字が使われる。

紀元前600年ごろ
- インドでシャカ（仏陀）が現れて、仏教を開く。
- 中国で孔子が儒教を説く。

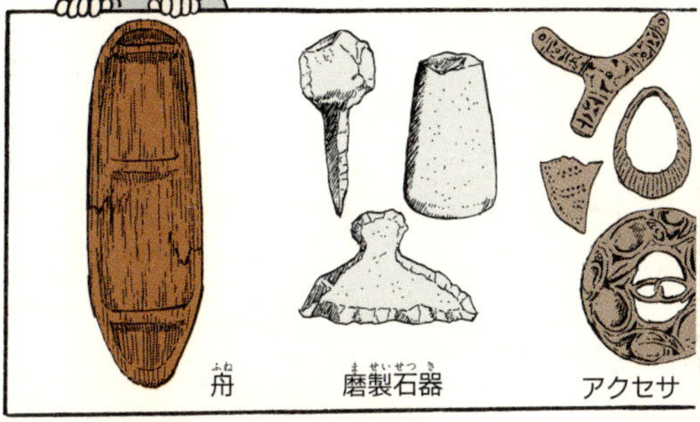

こち亀パトロール

旧石器時代の発見

今から50年ほど前までは、日本には旧石器時代はないと思われていたんだ。でもアマチュア研究者相沢忠洋さんの発見によって、日本にも旧石器時代があったことがわかった。相沢さんは行商の帰り道に打製石器を発見した。そこが旧石器時代の岩宿遺跡なんだ。

絵崎教授の特ダネファイル

猿から人へ

人類の遠い祖先、猿人の化石はアフリカで見つかっている。人類はアフリカで誕生したのだ。猿人の代表的な種類はアウストラロピテクスという。人間は猿から進化したといわれるが、猿と人との違いはどこだろう。まず、人間が二本足で歩くことだ。木の上で生活していた猿が、木を降りて二本足で歩くようになって、人類と猿とは別の進化の道を進み始めた。四本の足で行動するのとはちがって、二本足で行動すると手を自由に使える。手が使えると道具を持つことができるだろう？

　さらに、必要な道具を作ることもできる。それが、人間が他の動物とちがうところだ。次第に進化するにしたがって人類は火を使ったり集団で狩りをしたりするようになってきた。原人には、ジャワ原人や北京原人がいる。旧人で有名なのはネアンデルタール人だ。新人になるとクロマニョン人が有名だ。31ページで氷河期のことを見たが、氷河期と氷河期の間には間氷期といわれる、比較的おだやかな気候の時期があった。その間氷期に人類の祖先は生まれて、次の氷河期が来ると寒さにたえられず滅びてしまった。だから、アウストラロピテクスがそのまま北京原人やネアンデルタール人に進化したわけではないのだ。ここは気をつけておこう。

　ところで地球ができたのは46億年前といわれている。400万年前に生まれたといわれる人類はまだまだ新しい生き物なのだ。

ムラからクニへ

弥生時代

紀元前400年ごろ～300年ごろ

弥生時代
——まぼろしの卑弥呼米の巻——
辞
がつ
がつ
がつ
ふう〜っ 食った 食った!!
シーハー
米を変えただろう! 今日はうまかったぞ
えっ どうして わかるの
110番
茶

両さんメモ

発見された骨から、弥生時代の人は縄文時代の人よりも背が高く、手足が細かったことがわかったんだ。顔は縄文時代の人よりも面長で鼻が低かったらしいな。大陸からわたってきた人々との混血が進んで、体の特ちょうも変わってきたわけだ。

589年・中国は隋が統一と告白す

両さんメモ

日本で残っている弥生時代の一番古い水田のあとは、福岡県の板付遺跡だぞ。紀元前4世紀ころのもので、水路やあぜがあって、水をひくしくみもできていたというから、たいしたもんだ。

ここんとこ まったく 売れなくって…
このままじゃ 店がつぶれ ちゃいます
米の販売が 自由化されて スーパーや コンビニにも 米を置くように なりましたしね
いちいち お米屋さん には 行かないわね
それに 米を食べなく なったしなァ
私も パン食が 多いわ
たくさん 米を食えば 米屋にとどけて もらう必要が あるからな…
よし わしに まかせとけ
先輩!!
亀々米店
亀々米店
地方発送 承ります
亀々 米店

両さんメモ

奴国や邪馬台国は中国の権威を借りるために使いを送り、金印をさずけられている。金印の他に、金印を身につけるひもも、もらっている。中国との関係によって、金の他にも銀印や銅印もあったんだ。オリンピックのメダルみたいだな。

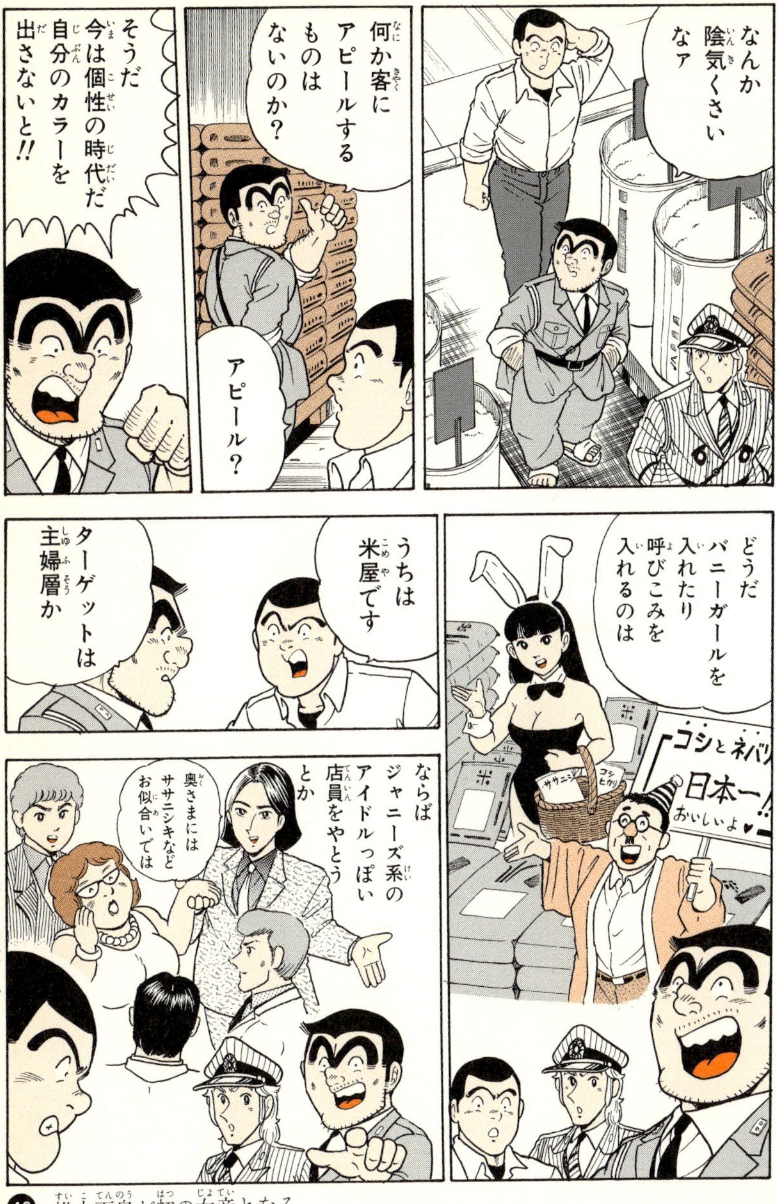

592年・以後国は、私が治めますよと推古女帝

両さんメモ

日本が使いを送った漢の国の前に、中国には紀元前3世紀ごろに始皇帝という人が統一した秦という国があった。秦は北に住む民族をふせぐために以前に建てられた城壁を増築して、2500㎞もある万里の長城を作った。でも秦は、農民の反乱で15年でほろびてしまった。

593年・いくさやめさす太子の政治

両さんメモ

卑弥呼が使いを送った魏という国があったころの中国は、三つの国に分かれていたんだ。呉、蜀と魏だな。この時代の歴史のことを書いたものを「三国志」というんだ。これをもとに書かれた有名な小説に「三国志演義」ってのがある。

ホントにダイヤなんか入れたんですか？
入れるわけないだろ客引きだ
それってサギですよ
なぁにひとり1袋バレっこない
何！卑弥呼米を店に置きたいだと
よしいいぞ！
亀々米店
ははは これで また加盟店がふえたぞ
ピッ
付近の店が卑弥呼米を置くようになってきた
まさに弥生時代のクニの誕生だ!!
弱いクニを統合して大きなクニができあがる
よしっ米屋の統合だ!!
いいんでしょうか？こんなことやって
そうですね…

今日はこの5tを売るぞ
先輩のやり方にはついて行けませんので 今日は本当にダイヤを入れます
バカ! もったいない やめろっ!!
1.5カラットのダイヤっていったら数百万はするんだぞ!!
しかし
わっ
ドッ

ドガアアッ
中川!! ダイヤはどうした!!
くずれた時どこかに行っちゃったみたいで
げっ この中にダイヤが!!
どこだーっ
亀々米店

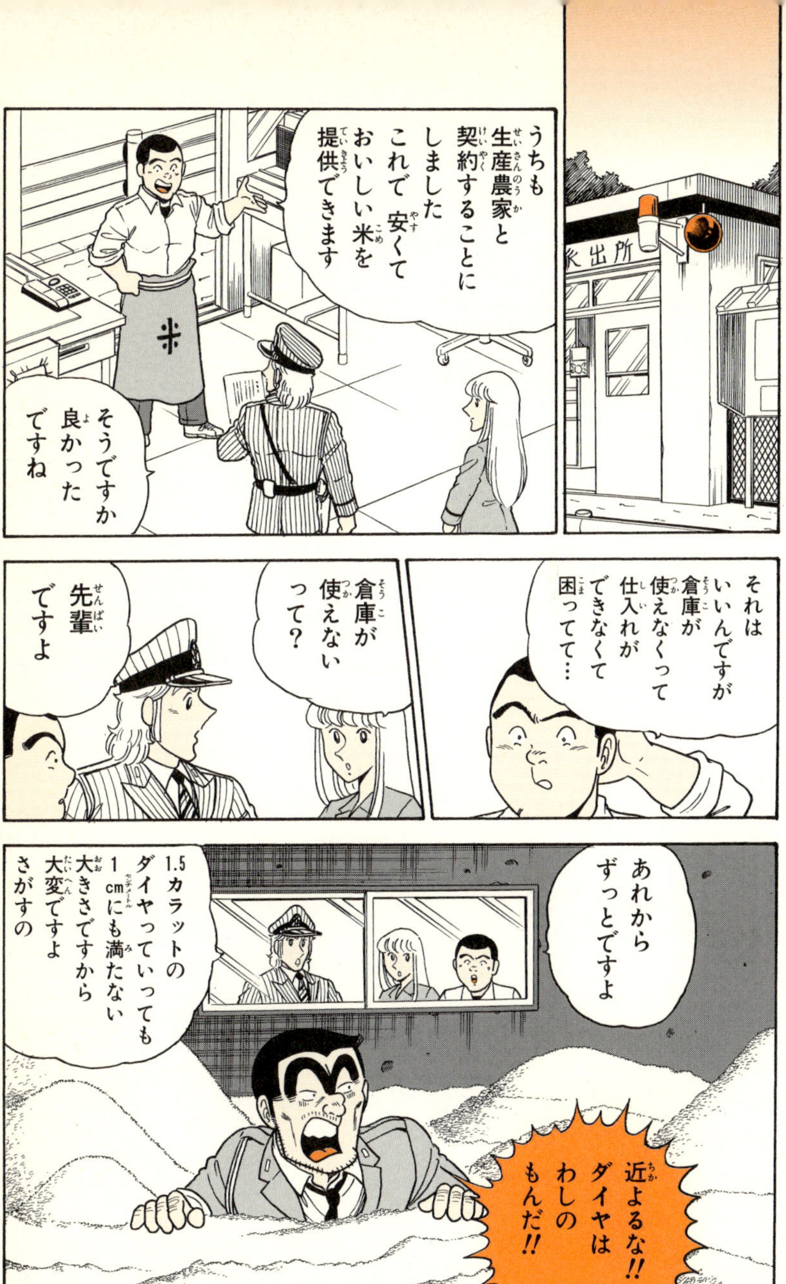

両さんメモ

「景初」という魏の年号の入った銅鏡が見つかっているぞ。年号とは「平成」のようなもので、銅鏡に書かれているのは「景初四年」。でも魏には、実際には景初は三年までしかなかったのだ。どうやら、日本で作られた鏡かもしれんといわれている。

弥生時代

紀元前400年ごろ～300年ごろ

生土器

弥生土器は縄文土器よりも高い温度で焼いてあるため、かたくて丈夫です。かざりも少なくて、形の種類もたくさんあります。

こち亀パトロール

1990年などのように、年数を表す西暦は、キリスト教を開いたキリストの生まれた年（紀元前4年という説もある）を1年目として数えてるぞ。

そして、キリストが生まれる前の年数は、紀元前何年というように表しているんだ。紀元前4000年くらいから、エジプトなんかでは文明が生まれていたぞ。日本では弥生時代、クニ同士が争っていたころが紀元前と紀元後のさかい目だ。

紀元前って何のこと？

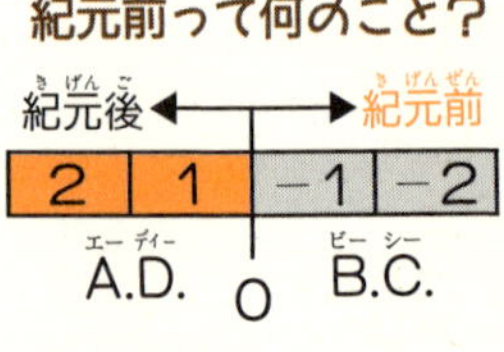

西暦を100年ごとに区切ったものを世紀という。

食べ物の大改革！ 稲作の広まり

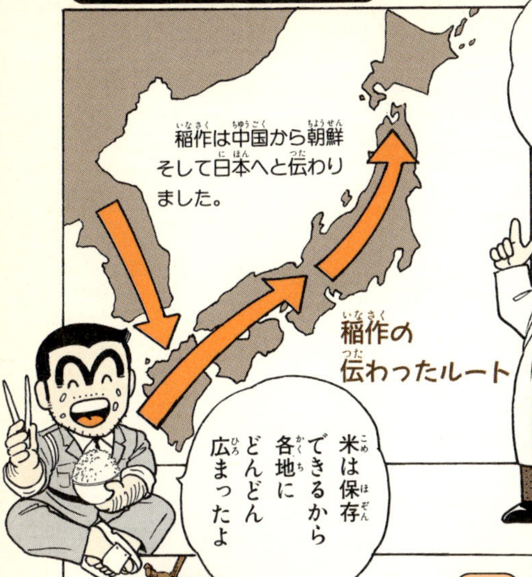

丈夫で使いやすい 弥

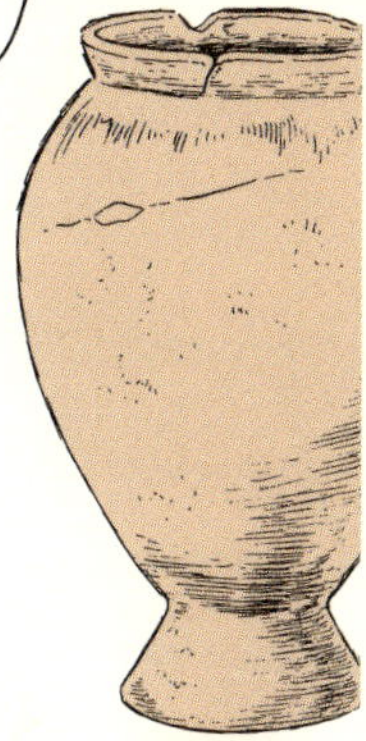

北海道と沖縄の文化

稲作が日本に伝わって、食生活が変わりましたが、このころ北海道には稲作文化は伝わりませんでした。寒いので稲作に向かない土地であったのと、サケやマスなどの魚が豊富で、食べ物にこまらなかったためと思われます。この時代の北海道の文化を続縄文文化といいます。

また、沖縄などの南の方の島には、大型の貝器をもとにした貝塚文化がさかえていました。

米の保存はおまかせ！ 高床倉庫

▶ねずみ返し

とれた米は、風通しが良い高床倉庫に保存しました。高床倉庫にはねずみが入ってくるのを防ぐ、ねずみ返しがありました。

保存できる米を作るようになってから人々は狩りをすることは少なくなりムラで定住するようになったんだ
狩りや採集の生活から生産中心の生活に変わったんだ
稲作カレンダー
春
田の準備をして、稲の種をまく。
夏
雑草や害虫をとるなど田の管理をする。狩りや漁もした。
秋
実った稲を刈り入れて保存する。
今は苗を植えるけど当時はじかに種をまいたよ

貧富の差が生まれた 弥生のムラ

冬 土器を作ったり、機織りしたりする。

地域で特色あり 弥生時代のお墓

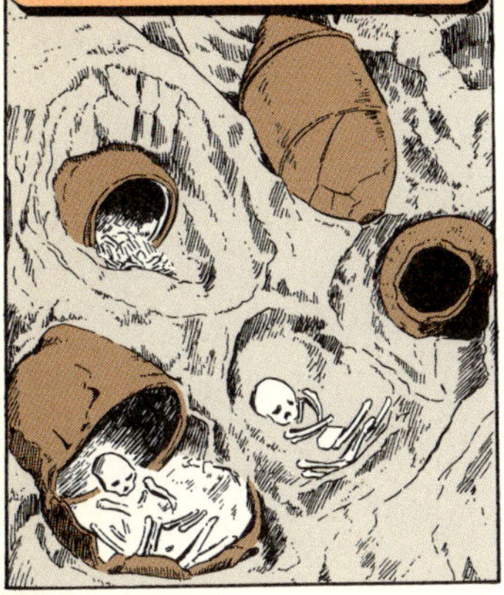

お墓の様子も地方によって変わってきました。九州では甕棺という大きな土器に遺体を入れてうめました。近畿では、四方にみぞを作って、土をもり上げた方形周溝墓と呼ばれるお墓が作られました。

新しい道具

青銅器

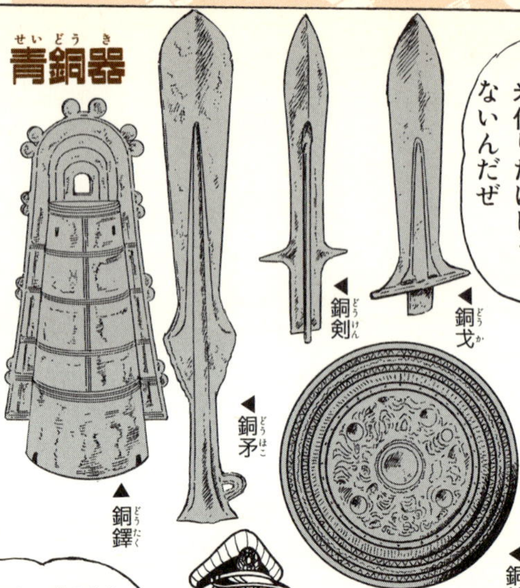

▲銅戈

▲銅剣

▲銅矛

▲銅鐸

▲銅鏡

→最初に伝わったのは小銅鐸で、その後日本で独自に発達しました。

鉄器

▲鉄製武器

▲鉄製農具

青銅は銅とすずという金属を混ぜて作りました。青銅器は、祭りの道具として使われるようになりました。

木製農具

▲すき

▲きね

▲くわ

▲田下駄

石包丁

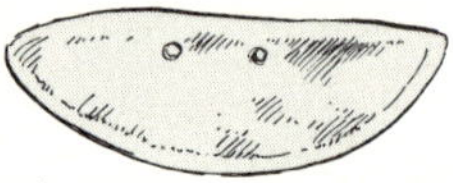

稲の刈り入れに使った、石の道具です。

▲こしき

▲かまど

こしきという土器とかまどを使って、米を蒸すようにもなっ

農具に鉄器を使って、農作業がはかどるようになりました。

リーダーの出現

米作りを指導するリーダーが現れてきました。リーダーは首長と呼ばれて、だんだん大きな力を持つようになります。ムラでは米を刈り入れた後、秋祭りをしました。各ムラの首長が集まった祭りもあり、祭りの時には銅鐸など青銅器が使われました。

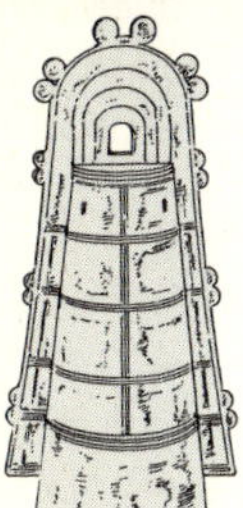

こち亀パトロール

米はどうやって食べた？

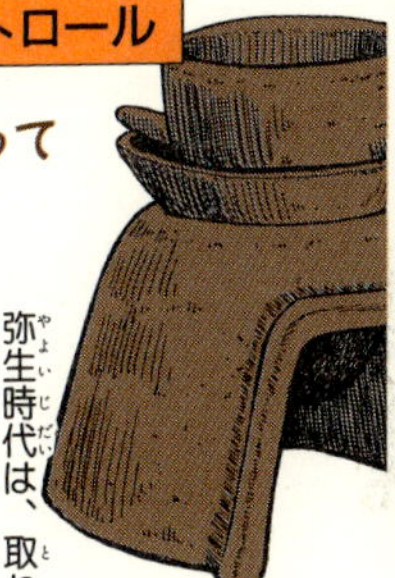

弥生時代は、取れた米をどうやって食べていたんだろう？ きねとうすを使って、脱穀して、もみがらを取った米を土器で煮て、おかゆのようにしたり、つぶして粉にしてダンゴにしたりしたんだ。

たぞ。今のように炊いたわけではないんだな。

クニの成立

ムラ同士の争い

九州にあった奴国は57年に漢に使いを送り、金印をさずけられます。その金印は、江戸時代に福岡県の志賀島で甚兵衛さんという人によって発見されました。金印には「漢委奴国王」という文字が刻まれていました。

●中国では日本のことを倭と呼んでいました。

「漢書」地理志

夫れ楽浪海中に倭人有り、分かれて百余国を為す。歳時を以て来り献見すと云う。

(楽浪郡の先の海中に倭人の国があって、100あまりのクニに分かれている。みつぎものを持ってやって来る)

「後漢書」東夷伝

建武中元二年、倭の奴国、奉貢朝賀す。使人自ら大夫と称す。倭国の極南界なり。光武賜うに印綬を以てす。

(紀元57年、倭の奴国がみつぎものを持って来た。光武帝から印綬をさずけられた)

このころの世界の動き

紀元前334年
- マケドニアの王アレクサンドロス大王が東方へ遠征を始める。→ヘレニズム文化を生む結果に。

紀元前221年
- 秦の始皇帝が中国を統一する。→万里の長城を築く。

紀元前202年
- 漢(前漢)が中国を統一する。

紀元前108年
- 前漢の武帝が朝鮮に楽浪郡を置く。

紀元前27年
- ローマ帝国がイタリアを統一。→シルクロードで漢と交易する。

紀元前４年？
- キリストが生まれる。

25年
- 光武帝が漢(後漢)を再興。

105年
- 漢の蔡倫が製紙法を改良。

220年
- 後漢がほろびる。三国(魏・呉・蜀)の三国時代となる。

226年
- ササン朝おこる。

万里の長城

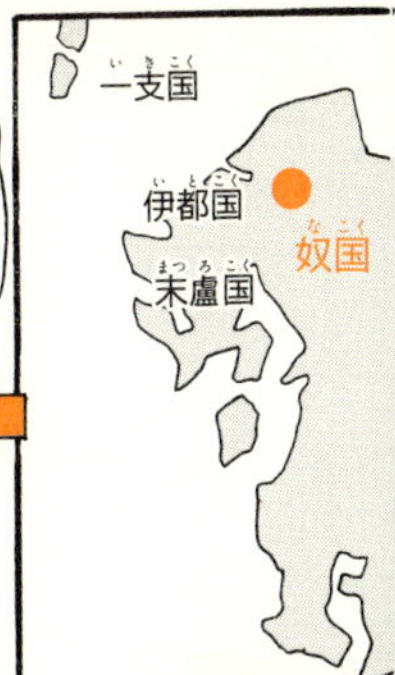

クニ同士が争って乱れた時期の争いを、倭国大乱といいます。

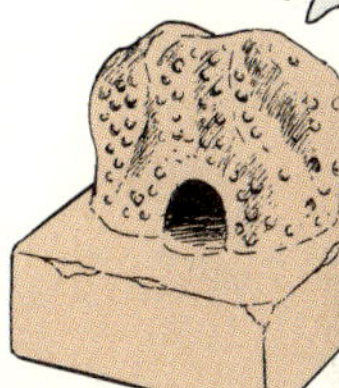

「魏志」倭人伝

(一部要約)男は顔や体にいれずみをして木綿(麻布か)を頭に巻きつけ、はば広い布をぬわずにしばって着ている。女は髪をたばねて、布のまん中に穴をあけ、頭を通して着ている。(中略)邪馬台国は、もとは男を王としていたが、何年も争いが続いたため、卑弥呼という女を王に立てると、争いはやんだ。卑弥呼は呪いをし、民の心をよくとらえた。

卑弥呼
200〜248年ごろ
日本史最初の有名人
2世紀後半から3世紀前半 多くの小さなクニが争いをくり返していた……
戦いをやめなさい
卑弥呼は未来を見通すことのできる不思議な力を持った巫女でした
戦いが続き 田は荒れ苦しみは増すばかり! 力を合わせてクニを豊かにしなくてはなりません

このままではともだおれになってしまいます
戦いをやめ手を取り合いましょう
たしかに争っている時ではないな……
あっ卑弥呼!!
卑弥呼の言う通りだ……
大丈夫か
どうしたんだ卑弥呼!?
神の声が聞こえたんです
神の声だと……すごい
やはり卑弥呼の言うことにまちがいはないな
こうして人々は卑弥呼にしたがうようになった

卑弥呼のことばは、卑弥呼の弟が人々に伝えた。

『魏志』倭人伝には、なんと邪馬台国までの道のりが書いてあるんだ。…しかし、書いてある通りに中国から来てみると、邪馬台国があるはずの場所は九州より南の海の上！　『魏志』倭人伝はまちがっているんだろうか？　いったい邪馬台国はどこにあったんだろう？

絵崎教授の特ダネファイル

人生をかけた占い

今も占いはすごく人気があるが、むかしはもっとさかんだったのだぞ。今のような遊び感覚のものじゃなくって、もっと真剣なものであった。

弥生時代には物事の吉凶（良い悪い）を知るのに、卜骨と呼ばれる占いをしていたのだ。これは、日本だけの風習ではなくて東アジアでは広く行われていた。おそらく、大陸から伝わったのだろう。これには動物の骨や亀の甲羅などを使った。骨や甲羅を火で焼くとヒビが入る。そのヒビを見て吉凶を占うのだ。日本人（倭人）がこうやって占いをしていたことは「魏志」倭人伝にも書いてある。

同じように骨を使う占いに太占と呼ばれるものがある。これには鹿の骨の、肩こう骨という肩にある骨を使った。この占いには鹿以外の動物の骨はほとんど使われない。どうして鹿の骨ばかり使われたのか…は、よくわかっておらん。これは現在でも天皇の交代の時の儀式（大嘗祭）で行われているのだ。

また、人が正しいかうそを言っているかの判定（裁判）に「くがたち」という方法もあった。これはぐらぐらと煮立った熱湯の中に手を入れるのだ。正しい人の手はただれず、うそをついている人の手はやけどしてしまうというハードな占いだ。熱湯の中に手を入れるだけでも、すごく勇気が必要だな。

平安時代になっても、占いはさかんで、貴族は占いによって行動を決めていたのだ。

古墳時代・飛鳥時代

統一国家の誕生

300年ごろ～710年

110番
古墳時代・飛鳥時代
—インターネットで墓参りの巻—
この顔にピンときたら110番!!
おい 両津 パソコン使わせてくれ
どうした左近寺
ちょっとインターネットする用があるんだ
おもしろいゲームのサイトでも見つけたのか
いや 墓参りだ
墓参り?

両さんメモ
箸墓古墳は三輪山の神・大物主神の妻の倭迹迹日百襲姫命の墓と言われてるんだ。実は大物主神の正体はヘビで、その姿を見た姫はおどろいたのなんの。はずかしく思った大物主神は三輪山へ登って行き、悲しんだ姫は箸で自分の身体をついて自殺したそうだ。

左近寺竜之介

格闘技の鬼と呼ばれる警察官。格闘ゲームと恋愛シミュレーションゲームが好き。

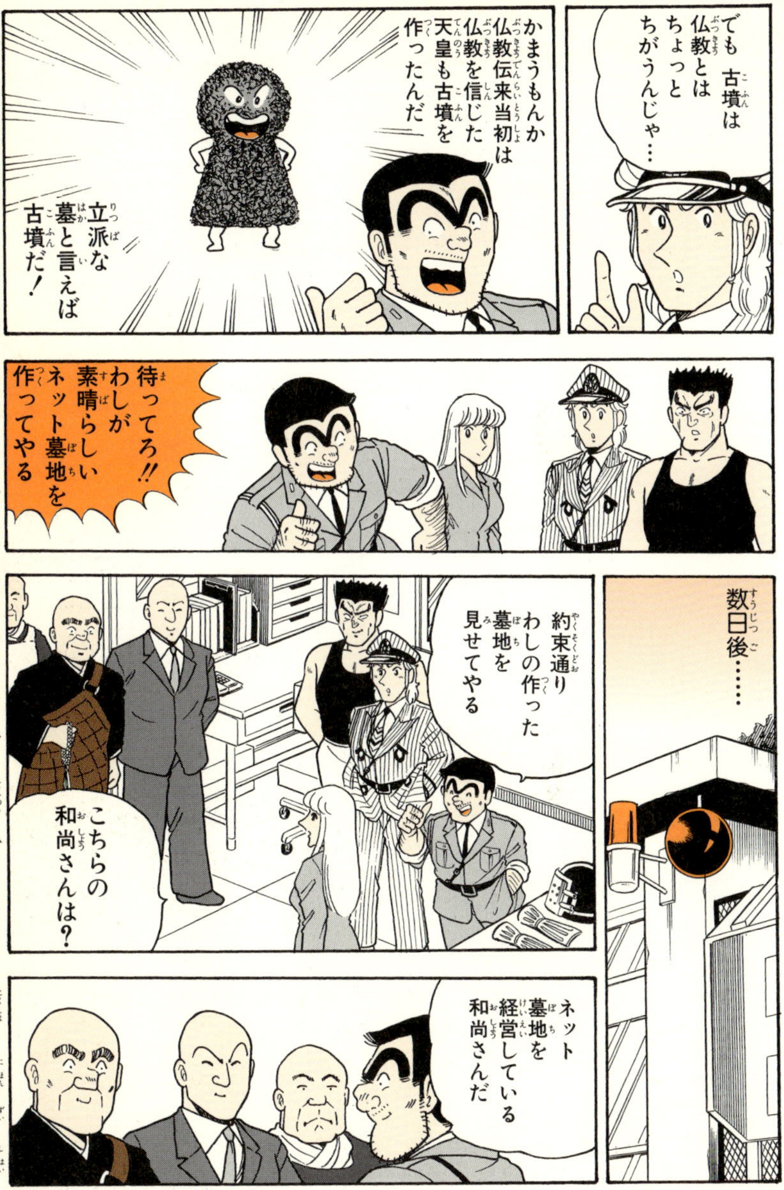

両さんメモ

遣隋使として隋から戻った小野妹子は、「隋からの国書はぬすまれた」と言って天皇に見せなかったんだ。国書に「日本は隋の支配下の国」と書いてあったので、妹子はわざとかくしたらしいんだな。しかし、罰は受けないで、また遣隋使に選ばれたりしたんだ。

和尚さんを呼んだってことは売りこんで商売にするつもりなのね
それじゃ試作品いくぞ
両津式
メモリアルネット
ザ・墓参り
古墳建設予定地
▶墓を作る
プランをねる
様子を見る
やめる
土地だけで何もないですよ
まず古墳を作るところから始めるんだ
個人の趣味や予算によって方墳 円墳 前方後円墳などの形や大きさを決定する
双円墳や前方後方墳も作れるぞ

両さんメモ

644年、富士川の流域で「常世の虫」というのをまつる不思議な信仰が流行した。常世の虫をまつると、お金がたまり長生きできるというんだ。裕福な農民は常世の虫に捧げるために、財産を投げ捨てたそうだ。この虫はアゲハチョウの幼虫だったらしい。

先輩さぼっている人がいますよ
ちゃんと監視してないとさぼる奴が出てくる
▶ムチ打ち
くすぐり
はりつけ
おまえはムチ打ちの刑だ
ちゃんと働いている者にはほうびを出す
あとは適度に休みをあたえないと体が持たんし
こうして考えて工事しないと期日までに仕上がらなかったり
手抜き工事で古墳がつぶれたりするからな
まるでシミュレーションゲームじゃないか……
それだけじゃない古墳の中がダンジョンになっている
ダンジョン？
家族でパーティーを組んで冒険しながら墓参りができるんだ
戦士系とか魔法使い系とかいろいろ選べるんだ

両さんメモ

豪族たちが大きな古墳を作ると、働き手となる民衆の負担がふえて生活が苦しくなっちゃう。また地方の豪族にあまり大きな古墳を作られると、朝廷の権威が落っこっちゃう。そこで朝廷は、墓の大きさなどを身分や役職によって規制したんだ。

犬上御田鍬ら第１回遣唐使として唐へ

宝箱には故人の遺品などアイテムを入れておく
おばあちゃんのじゅずを見つけた!!
とちゅうにある休息所で武器やアイテムを買いそろえて
ほとんどRPGだな
ラストは悪霊とアクションバトルだ
CHAMPION & Wins
TIME
21"40
CHALLE
OBÄCHAN
今度は格闘ゲーム!!
すべてクリアすると写真をもとに作った3Dの故人に会える
おばあちゃんに会えた!
古墳に平和と安息の日々が もどった!
どうですこれなら誰でも墓参りしたくなるでしょ
最近の若い連中は墓参りをしないから
たしかに楽しそうだな
ピュ～ン
ピュ～ン

両さんメモ

699年、役小角という人が妖術を使って人々をまどわせたとして、伊豆へ流罪になったんだ。役小角はきびしい修行の結果、妖術を身につけて鬼神をあやつって生活していたと言われている。後に修験道（山伏）の開祖とされた人物だ。

古墳時代・飛鳥時代

300年～710年

古墳には、さまざまな形がありました。
円墳
方墳
前方後円墳
これだけ大きな古墳を作るのは大変だったろうな
それだけ権力を持った人物が現れたということだね
弥生時代後半からクニ同士が争っていたのは覚えているよね
だんだんとクニが統合されていったんだよ
前方後円墳の分布
大きさくらべ
1位 大仙陵古墳(大阪)
・長さ486m
2位 誉田山古墳(大阪)
・長さ420m
3位 ミサンザイ古墳(大阪)
・長さ365m
こうしてみると…大和地方に大きな古墳がたくさんあるのがわかるわよね
これは大和地方に大きな力を持った人がいたということだ
つまり大和王権の誕生だ

大工事！古墳ができるまで
大きな古墳を作るのは大変な作業で何年もかかってたくさんの人が働かされたんだ
古墳のまわりにはふき石がしかれ埴輪が置かれたんだ
埴輪って王の墓のまわりに置かれた像だよ
▼装飾品
埴輪から当時の生活がわかるわね
▲家形埴輪
▶人形埴輪
▶馬形埴輪
こち亀パトロール

大和王権のはじまり

豪族とは、地方に根づいて力をのばした一族のことで、大和王権内でも豪族同士の権力争いがありました。

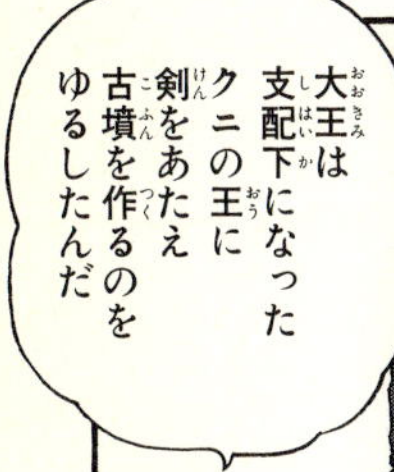

倭王の名を刻んだ鉄剣が、埼玉県の古墳から見つかっています。大和王権の勢力が関東までのびた証拠です。獲加多支鹵は雄略天皇の名前。

埴輪のお仕事は？

古墳といえば埴輪が付きものだよな。埴輪は何のために古墳に置かれたんだろうな？

初期のころの埴輪は筒型で円筒埴輪と呼ばれているぞ。次第に人物や家形が作られるようになったんだ。

埴輪が作られるようになる前は、生きた人間を死んだ王といっしょに埋めていたんだ。日本書紀には、あまりにむごいので、この習慣をやめて埴輪を使うことになったと書いてあるよ。

埴輪には、埋められた王を悪霊から守り、魂をしずめる役割があるとも言われるが、古墳における祭りの場面を表しているんだ。

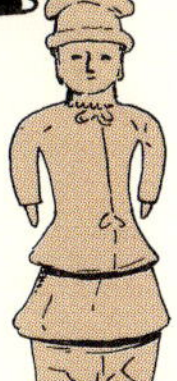

日本	弥生	古墳時代
中国	晋	五胡十六国 / 南北朝（南朝が宋）
朝鮮		高句麗・百済・新羅

年	できごと
300	巨大な古墳が作られ始める 大和王権の日本統一が始まる
313	朝鮮の楽浪郡がほろぶ
371	百済が高句麗から独立
391	朝鮮半島に出兵（高句麗広開土王碑による）
414	広開土王碑が建つ
	このころ渡来人よりすぐれた技術が伝えられる
421	倭王讃、宋（南朝）に使いを送る
438	倭王珍、宋に使いを送る
443	倭王済、宋に使いを送る
462	倭王興、宋に使いを送る
478	倭王武（雄略天皇）が、宋に使いを送る

こち亀パトロール

第一代の天皇？

日本の古代の歴史をまとめた歴史書に、古事記と日本書紀があるぞ。できたのは、ふたつとも次に勉強する奈良時代だ。歴史書と言っても、神話もふくまれる内容だ。

古事記と日本書紀をまとめて、記紀と呼ぶが、記紀によると第一代の天皇は神武天皇という。九州から一族をひきいて東へ向かい、とちゅう多くの豪族をたおして大和へ来た。そして大和で即位したと書かれている。

権力がぶつかり合う朝鮮半島

広開土王碑(好太王碑)には、391年に日本と高句麗が戦ったことが書かれています。

倭の五王

讃――仁徳か履中天皇？
珍――反正天皇
済――允恭天皇
興――安康天皇
武――雄略天皇

5世紀の初めから、大和王権の大王は次々と中国に使者を送りました。このころ、中国には宋という国があって、その歴史書『宋書』には讃、珍、済、興、武という5人の王が使いを送ったことが書かれています。宋に倭国の王としてみとめてもらい、朝鮮南部を支配したかったのです。武は、安東大将軍に命じられ、朝鮮での地位をみとめられました。

新技術の渡来

▲養蚕

▼機織り

統一国家誕生！大和王権のしくみ

大和王権内での、政治的な地位や仕事の種類を表すものを姓といいます。右に上げた他にも何種類かありますが、臣と連が有力な姓で、その中でも力がある者は、大臣、大連となり政治に参加しました。

姓

大王

連

物部氏、大伴氏など王権の各種の職務をまかされる。

臣

蘇我氏、平群氏、葛城氏など、地域に根ざした豪族。

首　**直**　**君**

氏

氏の代表者
氏上

氏の構成員
氏人

豪族の所有民
部曲
奴婢

血縁関係がなくても、祖先が同じと信じる家族が集まっています。

氏には、地名にちなむものと、職業にちなむものとがあります。

東漢氏や西文氏、秦氏といった、渡来人系の有力豪族もいました。

大王家と豪族

大王家と豪族とでは、持っている土地や部民の呼び方がちがっていました。

	大王家	豪族
直轄地	屯倉	田荘
部民	名代・子代・品部	部曲

民衆のことを部民と呼ぶ。

地方の政治

大和王権
↓ 任命
〈地方の役職〉
・国造
・県主
・稲置

地方の有力豪族は、大和王権から役職をあたえられ、地方を支配しました。

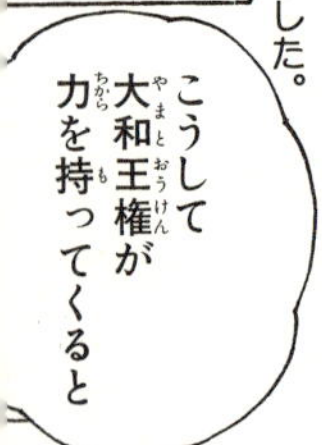

王権内の権力争い

大和王権で大きな力を持っていた大臣の蘇我氏と、大連の物部氏は対立していました。538年に仏教が伝わった時も、※仏を拝もうという蘇我氏と、拝まないという物部氏とが、はげしく対立しました。

※仏を拝もうというのが崇仏派、拝まないというのが排仏派で、この仏教をめぐる対立を崇仏論争という。

587年 蘇我氏VS物部氏、激突！

蘇我氏の氏上が馬子、物部氏が守屋の時に、天皇の後つぎをめぐって戦いがおき、蘇我氏が勝利し、物部氏はほろびました。

日本	できごと
古墳時代	
527	筑紫国造磐井の乱起こる
538	仏教が百済から伝わる
562	伽耶ほろぶ
587	物部守屋うたれる
589	隋が中国を統一する
592	蘇我馬子が崇峻天皇を暗殺し、推古天皇即位
飛鳥時代	
593	聖徳太子が摂政となる
603	冠位十二階を制定する
604	十七条の憲法できる
607	小野妹子らを隋に送る
618	唐が中国を統一する
620	天皇記、国記が作られる
622	聖徳太子がなくなる

中国	南北朝	隋	唐
朝鮮	高句麗・百済・新羅		

当時は、天皇がかわるごとに都もかえました。

630 第1回遣唐使を送る
643 山背大兄王、自殺する
645 大化の改新が始まる

聖徳太子の政治

冠位十二階

603年、それまで家柄によって決められていた身分制度を改めました。努力次第で出世できるようになったので、役人にやる気が出ました。
十二の位を作り、冠の色によって、位を表しました。
遣隋使に任命された小野妹子も、この制度で出世したひとりです。

十七条の憲法

604年、十七条の憲法を制定しました。憲法といっても、現在の法律とはちがっていて、役人の心がまえをしめしたものです。
仏教、儒教の影響が見られ、聖徳太子が博学だったことがわかります。

遣隋使

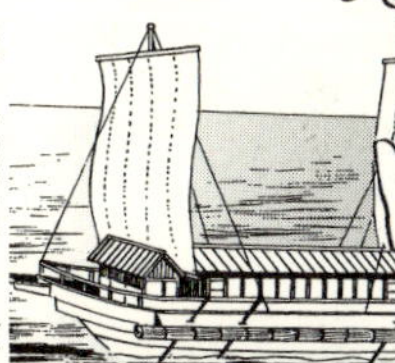

607年、小野妹子らを隋へ送りました。これまでは、中国には配下として使いを送っていましたが、聖徳太子は対等に付き合うことを目指していました。

馬子の墓？

飛鳥地方は、今の奈良県明日香村あたりだ。明日香村には、蘇我馬子の墓と言われる石舞台古墳があるぞ。今も石室が残っているが、もともとは堀をめぐらせた大きなものだったんだ。
飛鳥地方には、巨大な石造物が多くあるんだ。動物や人の頭をかたどったものなど、何のために作られたのかわからないナゾの物体が多い。

こち亀パトロール

権力を持つ蘇我氏

仏教の伝来と仏教文化

紀元前6世紀、インドでシャカが開いた仏教は、中国や東南アジアなどへ伝わりました。538年に、百済の聖明王から仏像やお経がおくられ、日本にも仏教が伝わりました。崇仏論争があったものの、仏教は以後、日本に深く根づきました。

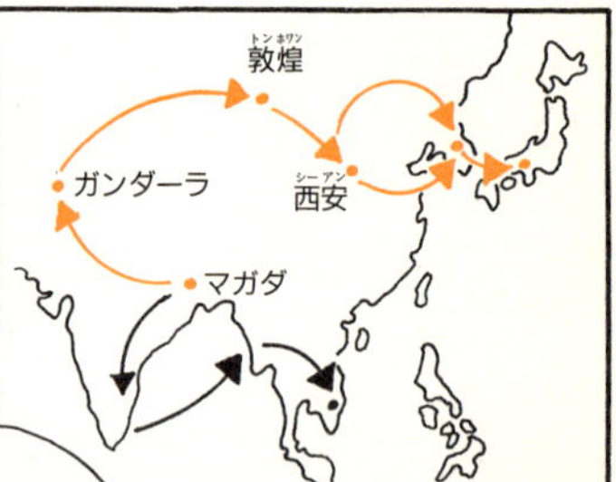

▼飛鳥寺

◀法隆寺金堂釈迦三尊像

山背大兄王を天皇にしたくない蘇我氏は、彼を自殺に追い込みました。
これで完全に蘇我蝦夷・入鹿親子が権力をにぎったんだ
でも こうした蘇我氏のやり方に反発する者が現れた
天皇家に力を取りもどすんだ!!
中大兄皇子
中臣鎌足
隋から帰国した南淵請安という人が開く塾に通っていたふたりは、仲良くなり、蘇我氏をたおす計画を立てました。

▶広隆寺半跏思惟像
法隆寺玉虫厨子▶
中宮寺天寿国繡帳▼
工芸品の玉虫厨子や刺繡の天寿国繡帳には、ギリシア・ローマでさかんに使われた唐草もようが見られます。インドや中国を通って、日本にも伝わったと思われます。飛鳥文化は国際的な文化でした。
有名な仏師(仏像を作る人)鞍作鳥の作品といわれているよ
▶飛鳥寺釈迦如来像

日本	飛鳥時代
	できごと
646	改新の詔出される
660	百済ほろぶ
663	白村江の戦いで大敗
667	近江大津宮遷都
668	天智天皇即位 高句麗ほろぶ
669	藤原鎌足なくなる
670	庚午年籍作る
671	天智天皇なくなる
672	壬申の乱おこる
673	天武天皇、飛鳥浄御原宮で即位する
684	八色の姓制定
689	飛鳥浄御原令施行
中国	唐
朝鮮	高句麗・百済・新羅

政治の大そうじ 大化の改新

中大兄皇子と中臣鎌足は、政治を独占していた蘇我入鹿を当時の都、飛鳥板蓋宮で殺しました。入鹿の父も自殺し、天皇中心の政治を目指した改革が始まります。中大兄皇子はその後天智天皇となり、中臣鎌足は、長く中大兄皇子の政治を助け、死のまぎわに藤原姓をもらって、奈良時代・平安時代とさかえた藤原氏の祖となりました。

大化の改新の方針

中大兄皇子の母の皇極天皇が位を降りて、孝徳天皇が位につき、中大兄皇子は皇太子となって政治をしました。

都も飛鳥(奈良)から難波(大阪)へと移りました。

新政府の構成

〈皇太子〉中大兄皇子
〈左大臣〉阿倍内麻呂
〈右大臣〉蘇我石川麻呂
〈内臣〉中臣鎌足
〈国博士〉高向玄理・僧旻

694	持統天皇が藤原京に遷都
698	大陸に渤海できる
701	大宝律令できる
708	和同開珎作られる

新羅

663年 白村江の戦いに大敗

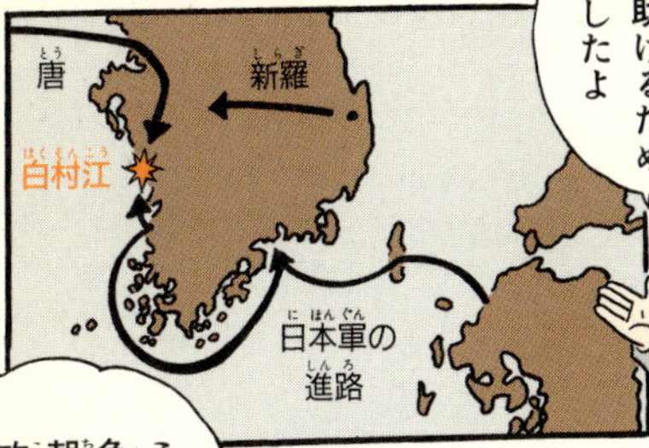

百済が唐と新羅の連合軍に攻撃されました。日本は百済を助けるために軍を出しましたが、白村江の戦いで負けてしまい、朝鮮半島からは手を引くことになりました。これ以後、九州に水城や山城を作り、国の守りをかためました。

公地公民

屯倉や田荘など、皇室や豪族が持っている土地と人民は、天皇のものとして、豪族には給与をあたえる。

国郡里の制

国、郡、里という地方の行政制度を定めて、組織を整えた。天皇に任命された国司、郡司が政治にあたる。

班田収授

戸籍や計帳を作って、人民の各家ごとの人数や性別などを調べる。年齢や性別によって、田をあたえる。

新しい税制

古い税制を改めて、田の面積や年齢によって租、庸、調の税をとる。

これらの方針は、すぐに実現できたわけではなく、701年の大宝律令によってやっと完成します。

日本初の戸籍

670年、日本で初めての全国的な戸籍、庚午年籍が作られました。戸籍とは、人民を調査したもので、家(戸)ごとに家族の性別や年齢などが書かれ、税を集めるもとになりました。後に班田収授法を実施するのには、なくてはならないものでした。

壬申の乱
身内の政権争い

天智天皇の死後、出家して吉野（奈良）へ引きこもっていた大海人皇子が挙兵し、大友皇子と戦いました。戦いに勝った大海人皇子は天皇となり、皇后（後の持統天皇）とともに政治をしました。

天皇家中心の新しい身分制度で、天皇中心政治を進めていきました。

1 真人	5 道師
2 朝臣	6 臣
3 宿禰	7 連
4 忌寸	8 稲置

真人や朝臣などの高い位には、天皇の親戚がなりました。

白鳳文化

唐の影響の見られる文化です。壁画などは、中国やインドにも同じようなものがあります。

▲興福寺仏頭

◀薬師寺東塔

初めての律令！ 大宝律令

神祇官	
太政官	左大臣・太政大臣・右大臣
二官八省	中務省・式部省・治部省・民部省・兵部省・刑部省・大蔵省・宮内省

国司(国) — 郡司(郡) — 里長(里)

律とは刑法にあたるもので、令とは政治のための行政法・民法で、律令をもとに政治が行われました。

藤原(中臣)鎌足の子、不比等らによって編集された大宝律令が、701年に制定されました。地方政治も整えられ、貴族の中から国司が、地方豪族の中から郡司が任命されて、地方を治めました。民衆には年齢、性別によって、口分田があたえられ(班田収授)、税を納めたり労働したりなど、重い負担がありました。(→120ページ)

▶高松塚古墳壁画

このころの世界の動き

313年
●ローマ帝国がキリスト教を公認する。

375年
●ゲルマン民族がヨーロッパ西南部へ大移動を始める。

384年
●百済に仏教が伝わる。

395年
●ローマ帝国が東西に分裂。

476年
●西ローマ帝国がほろぶ。

486年
●フランク王国が、今のドイツ、フランスあたりにできる。

589年
●中国に隋ができる。

610年ころ
ムハンマドがイスラム教をおこす。→アラビアを中心に広まる。

618年
●中国に唐ができる。

661年
●イスラム帝国ができる。

676年
●新羅が朝鮮半島を統一。

698年
●中国東北部に渤海国できる。

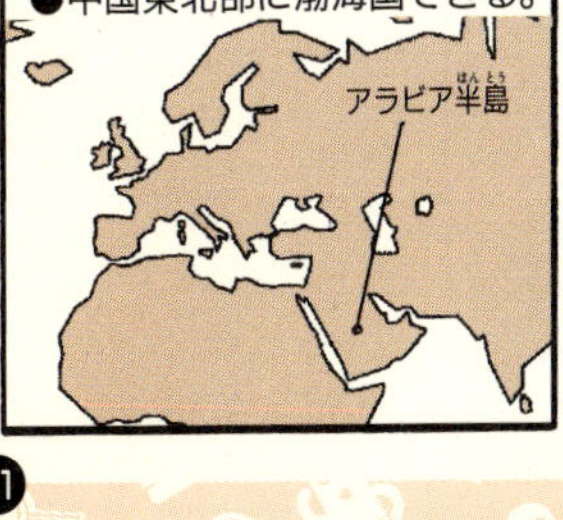

聖徳太子
574〜622年
日出づる処の皇子の活躍
太子！役人がなまけておりますぞ
太子 伝染病をふせぐにはどのように…
太子 日照り続きで収穫の方が…
太子 寺の建設のことですが…
太子 朝鮮半島の様子ですが…
太子 仏の教えですが…
太子 農民たちが…
太子 これだけ多くの訴えがあるのに書物など読んでいては!!
失礼 仏教の教えが興味深かったので熱中してしまいました

すまない それでは 答えておこう
まず農業問題 だが……… そして伝染病は ——……
すごい 書を読みながら 10人の言うことを 一度に聞いている なんて!!
しかも 的確な答えを…
太子が 生まれながらに 言葉を 話せたり
西に向かって 南無阿弥と 唱えたと いうのも
太子が 4体の仏像を ほって戦ったら 蘇我氏が 物部氏に 勝ったという のも
まさに 仏の生まれ変わり かもしれん
太子について 行けば まちがいない
聖徳太子は 574年 用明天皇と
欽明天皇
推古天皇
用明天皇
小姉君
蘇我馬子
穴穂部間人皇女
聖徳太子
蘇我氏の血を引く 穴穂部間人皇女の 間に生まれた
初の女帝・推古天皇が 即位すると 593年 摂政の地位につき 政治を行うことに なった

太子 こんな所にいたんですか
見てみろ 我が国を………
は？
まだまだ未熟だ…… 大陸の隋にも負けないような立派な国にするにはどうしたらいいか考えていた
都を立派に建て直すんですか？
いや それは民に苦しみをあたえるだけだ
まず すぐれた人材を育成して役人のモラルを徹底し民に安心をあたえることだ
国は人によって成り立っているんだからな
603年 冠位十二階制定
今まで身分により父から子に受けついできた役職を改める

冠位十二階

順位	官位名	冠の色
1	大徳（だいとく）	紫
2	小徳（しょうとく）	紫
3	大仁（だいじん）	青
4	小仁（しょうじん）	青
5	大礼（だいれい）	赤
6	小礼（しょうれい）	赤
7	大信（だいしん）	黄
8	小信（しょうしん）	黄
9	大義（だいぎ）	白
10	小義（しょうぎ）	白
11	大智（だいち）	黒
12	小智（しょうち）	黒

天子…天に代わって国を治める人。日本では天皇のこと。

太子の手紙の
文面は
隋の皇帝を
おこらせたが
〈太子の手紙の一部〉
日出づる処の天子、
書を日没する処の
天子にいたす。
つつがなきやと…
（日ののぼる国の天子が、
日の没む国の天子に
お手紙いたします。
お元気でしょうか……）
今は日本と
親しくした方が
良いと思った隋は
使節を受け入れた
その後 太子は
人々の心の
ささえになるよう
仏教の教えを
広めるのに
努めた
7世紀後半に再建
された法隆寺は
世界最古の
木造建築物で
世界遺産となった
仏教の経典を
わかりやすく
まとめたり
（『三経義疏』）
歴史を
伝えるべく
国記
天皇記を
作った
622年 太子は
49歳で
この世を去った
聖徳太子は
後の世の人にも
慕われ続け
信仰の対象と
なったほどである

絵崎教授の特ダネファイル

悲劇の英雄　ヤマトタケル

古代日本伝説の一番の英雄といえば、ヤマトタケル。古事記には数々の冒険話がのっている。ヤマトタケルは景行天皇の皇子で、本名は小碓尊。大変勇ましく強かったので、父の景行天皇は朝廷にさからう九州の熊襲を討つことを命じたのだ。

頭の熊襲建兄弟はとても強くて、一人では対抗できそうもない。そこでヤマトタケルは、女性に化けて油断させて熊襲建兄弟に近づくことにした。計画はうまくいき兄弟を刺し殺すことに成功。その時、熊襲の弟から武勇をたたえられ日本武尊の名前をもらったのだ。しかし、命じられた征討に成功して都に帰ると、すぐにまた別の征討を命じられたのだ。今度は東国。どうやら、景行天皇はヤマトタケルがあまりにすぐれているので、自分にはむかうことをおそれていたようだ。ヤマトタケルはやっぱり不満で、おばさんのヤマトヒメにグチを言った。ヤマトヒメは、草薙の剣と火打ち石をくれた。東国へ行く途中に、野原にいる時、草に火をつけられ、一面火の海になるというピンチにおちいったが、草薙の剣で火をはらって助かった。草薙の剣は、三種の神器といって、天皇が受け継ぐ3つの大切な宝のうちのひとつになっている。

また走水の海でも危機がおとずれ、奥さんのオトタチバナヒメの犠牲によって助かっている。その後ミヤズヒメと結婚し、草薙の剣をそこにおいて伊吹山の神を退治に行くが、そこで山の神の毒気によって死んでしまう。古代史一の英雄は悲劇の英雄でもあるんだな。

整う国家のしくみ

奈良時代

710年〜784年

奈良時代
―雪の大仏大作戦!?の巻―
おおっ すごい雪だ!!
昨夜はどーりで冷えたわけだ
こうしちゃいられない!!

両さんメモ

奈良時代の貴族はチーズやバターのような乳製品を食べていた。牛乳を煮詰めて作ったチーズのようなものは酪、バターのようなものは酥と呼ばれて、醍醐というあまいお菓子もあったんだ。とてもおいしいことを「醍醐味」というのはここから来ているぞ。

645年・蘇我をむし殺す、大化の改新

両さんメモ

729年に長屋王が、のろいによって国をほろぼそうとしたとして自殺に追い込まれた事件の後、朝廷はのろいやあやしい術を身につける修行をすることを禁止したんだ。このころは人形にクギを打って人を殺す術というような、のろいが流行していたんだな。

大仏かっダサイなァ
どうせならペケモンとかダンダムとかがいいよ
ベルサイユ宮殿やホワイトハウスなんかもカッコイイぞ
気持ちはわかるがここは警察だしなァ
大仏が造立された当時は疫病がはやったりききんがおこったりして人々が不安になり聖武天皇が救済の手段として大仏を造立したんだ
だから警察としてもだな
わかったよ能書きはいいから!作りゃいいんだろ
どうせならリアルに作ろうぜ
そうだな自衛隊に負けないよう実物大だ
中川ネットで大仏の資料取りよせろ
はい

こりゃ実物大じゃ大変だぞ
バカ言え1300年も前の人間が作ってんだぞ
そうですねたしかに奈良時代当時としては大変な作業でしたよね
全国各地から多くの作業員や材料が集められ国が財政難になるくらいでしたから

こらっ
左右のバランスがくるってるぞ
もっと右だって!!
両津ったらうるさくって
先輩はこり性ですからね
両さん雪が足りないよ
署内の雪をすべて集めたんだがな
両津!! 近所から雪を集めて来い
わしが!?
どうだ 行基のような大切な役だぞ
行基!?
奈良時代の有名な僧だよ 全国を回り多くの困っている人のためにつくしたんだ
人望が厚く大仏作りの中心になった人物だよ
陸奥

両さんメモ

奈良時代の下級役人は貧しい生活をしていた（まるでわしのようだ）。制服として支給される服は夏、冬1着ずつだけ。ずっと同じ服を着なきゃならなかった。あまりにきたなくなるので、せんたくのために休みを取った人もいたそうだ。

723年・何さ、どうせ3代までだ

両さんメモ

万葉集の編者とも言われる大伴家持は、多くの歌を残した優れた歌人だった。しかし、785年に長岡京造営の責任者の藤原種継が暗殺されると、家持は事件の1か月前に死んでいたにもかかわらず、事件の中心人物として官位を取り上げられちゃったのだ。

708年・名をや、和同開珎と名付けたり

六神合体メカ
大仏レンジャー
参上!!
ぐ〜〜〜
疲れる…
両津!!
不謹慎だぞ
極楽浄土
クラッシャー
——!!
どうだ
これが
御仏の
いかり!!
く〜〜〜
ゆるせん!!

取りおさえろ——!!
ビュン
ビュッ
仏ほっとけストリームアターック!!
天誅だーっ!!
うぷっ
うわっ
名前を変えただけで同じ攻撃だろ
しかしこれじゃうかつに近づけん!
先輩何やってるんですか?
そうか後ろだ!!
後ろに回りこめ!!
しまった!!

両さんメモ

仏教において大切な三宝は仏・法・僧だ。鳴き声がブッポウソウと聞こえるからブッポウソウという名が付けられた鳥がいるけど、実はこれはまちがいで、ブッポウソウと鳴くのはコノハズクというフクロウのなかまなのでした。チャンチャン。

奈良時代(ならじだい)
710年(ねん)〜784年(ねん)

にょしの都 平城京(へいじょうきょう)

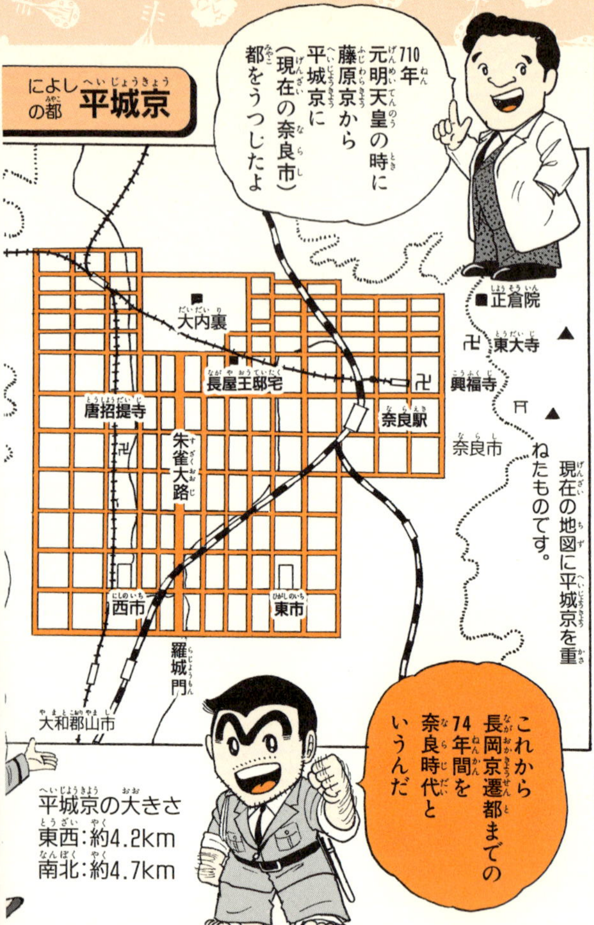

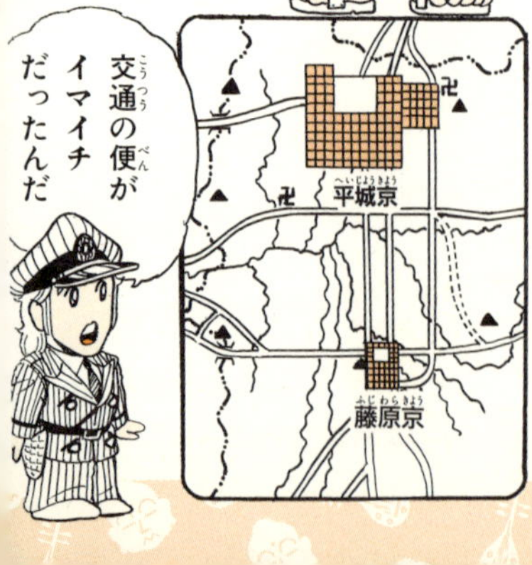

藤原京(ふじわらきょう)

天武天皇(てんむてんのう)の命令(めいれい)で作(つく)られた都(みやこ)で、持統(じとう)、文武(もんむ)、元明天皇(げんめいてんのう)の三代(さんだい)にわたって使(つか)われました。

藤原京(ふじわらきょう)が作(つく)られるまでは、天皇(てんのう)が代(か)わるごとに都(みやこ)もうつしていました。藤原京(ふじわらきょう)は唐(とう)の都(みやこ)をまねて作(つく)ったもので、日本初(にほんはつ)の本格的(ほんかくてき)な都(みやこ)でした。

地方行政

五畿七道

五畿七道とは、地方行政の区画です。全国を畿内と七道に分けました。畿内は大和、山城、摂津、河内、和泉の5つに分かれていました。

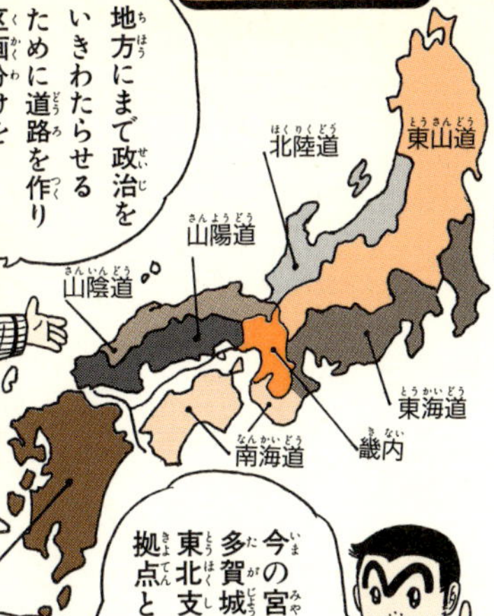

多賀城

和同開珎

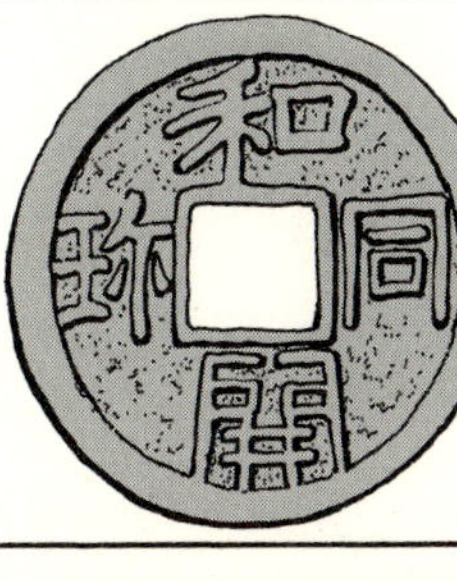

飛鳥時代からお金が作られるようになりました。708年には和同開珎が作られました。しかし、民衆には貨幣制度は広まりませんでした。

日本	奈良時代
	できごと
710	元明天皇、平城京に遷都
712	『古事記』できる
718	養老律令できる
720	『日本書紀』できる
723	三世一身の法出される
724	聖武天皇即位する
729	長屋王の変
737	疫病が流行して、藤原四兄弟が死亡
740	藤原広嗣の乱
741	国分寺建立の詔
743	墾田永年私財法 盧舎那仏造立の詔
757	橘奈良麻呂の変
765	道鏡、太政大臣禅師に
784	桓武天皇、長岡京遷都
中国	唐
朝鮮	新羅

遣唐使

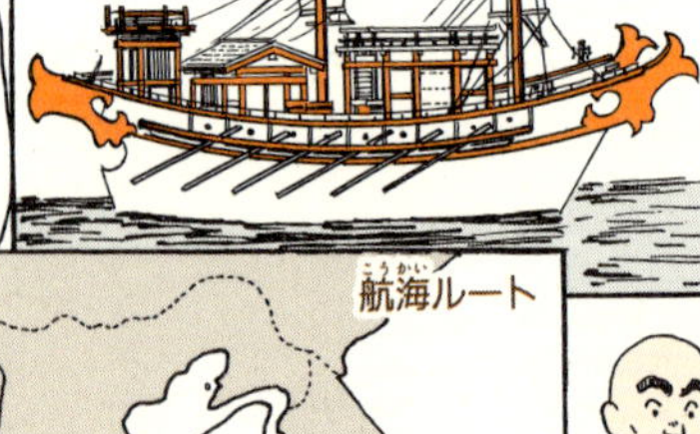

仲の悪かった新羅をさけるためには南路を行く。

こち亀パトロール 東アジアの様子

698年、中国東北部に渤海という国ができたぞ。日本とも貿易など交流があったんだ。

当時、朝鮮には新羅、中国には唐があった。日本は唐と渤海とは交流していたが新羅とは仲が悪かったんだ。唐の皇帝の前での儀式で、日本と新羅は席順をめぐって争って、さらに仲がこじれたぞ。

はげしい権力争い

奈良時代は、藤原氏と藤原氏以外の出身者との間ではげしい権力争いがありました。

仏に国を守ってもらう鎮護国家仏教

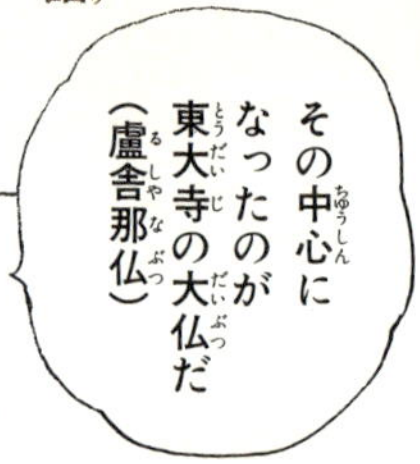

741年
国分寺建立の詔

743年
大仏造立の詔

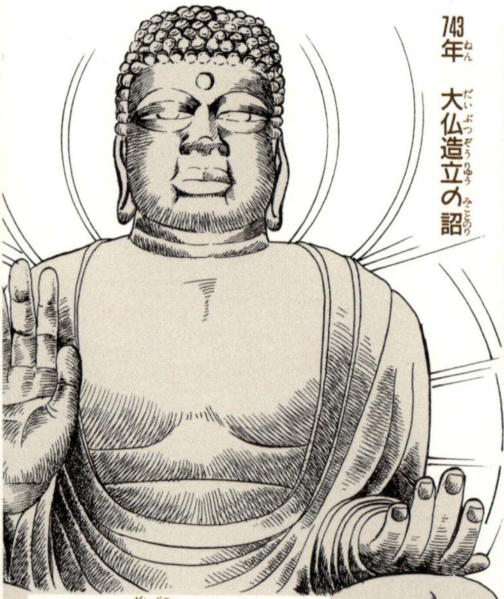

大仏データ

高さ:約15m　　重さ:380t

※金銅で作られた大仏では世界一の大きさ。

こち亀パトロール

都はどこだ?

藤原四兄弟が疫病で死んだ後、権力をにぎったのは、皇族の出の橘諸兄だ。橘諸兄は、僧の玄昉や学者の吉備真備を補佐にしたんだ。僧や学者が政治に加わるのをいやがって乱を起こしたのが藤原広嗣なんだ。広嗣が乱を起こしたことで、聖武天皇は不安になって平城京からにげてしまった。乱が平定された後も、天皇は平城京にもどらず、5年にわたって都は転々とした。恭仁京、難波宮、紫香楽宮などに都をうつしたぞ。そんな不安から、仏に国を守ってもらおうと考えたんだろうな。

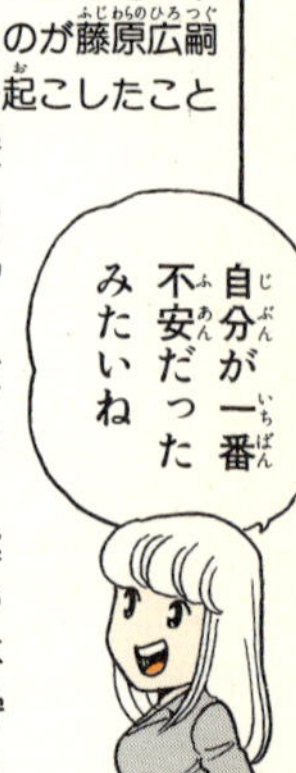

国ごとに国分寺、国分尼寺を建てさせました。国分寺には僧を20人、国分尼寺には尼（女性の僧）を10人配置しました。

僧の行基は、橋や用水路を作るなど社会事業に努め、民衆に人気がありました。大仏作りに協力して成功しましたが、大仏の完成を待たずになくなりました。

木簡は貴重な史料

紙の代わりに、木片に墨で文字を書いて荷札や文書として使ったものを木簡といいます。出土した木簡の文字から、当時の貴族の食事や行政のしくみなどを知ることができます。

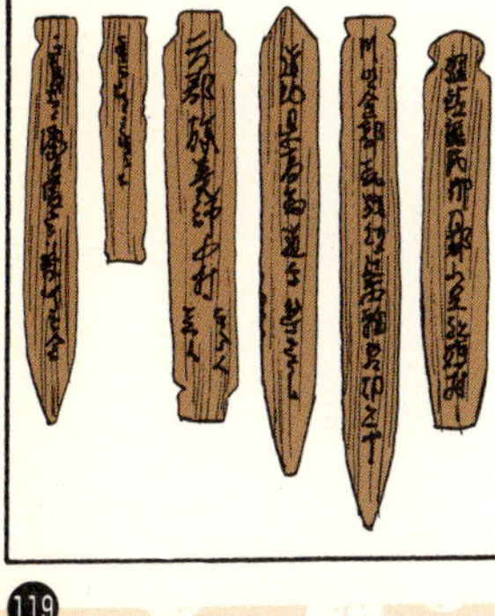

土地制度の変化

土地が自分の物に

班田収授

6年ごとに作る戸籍によって、国家が6歳以上に口分田をあたえる。死んだら口分田は国に返す。

三世一身の法（723年）

新しく開墾した土地は三代、前からある用水路などを使って開墾した土地は一代にかぎり所有をみとめる。

農民の苦しみ

租

田の面積に応じて、稲を納める税。田1枚につき2束2把で、収穫量の約3～10％を納めた。

庸

年に決められた日数の労働をする歳役の代わりに、布や米、塩などを中央政府に納める税。

調

年齢などに応じて、絹、布、鉄、塩、海産物を中央政府に納める税。男子にかけられた税。

雑徭

年に決められた日数国司のもとで働く義務で、重い負担だった。

防人

九州の警護のための兵士。自分の住む土地をはなれ、遠くへ兵役に出なければならなかった。都を警護する兵士は衛士という。

苦しい生活

奈良時代にできた歌集『万葉集』には、農民の苦しい生活を歌った「貧窮問答歌」があります。作者は山上憶良という人です。

貧窮問答歌（一部要約）

天地は広いというが、私にはせまくなったのか。太陽や月は明るいというが、私には照ってくださらないのか。人間に生まれ、人なみに田を作って働いているのに、綿もないぼろぼろの着物を肩にかけ、つぶれそうな家で、地面にわらをしき、父母はまくらの方に、妻子は足もとの方にいてなげき悲しんでいる。かまどには火もなく、ごはんをたくこともない。里長がむちを持って税を納めろと大声でどなっている。こんなにもつらいことなのか、この世に生きるということは。

山上憶良は農民ではないが、農民の苦しみが表れています。『万葉集』には他にも防人がよんだ歌ものっています。

墾田永年私財法（743年）

位階による開墾面積の制限や、開墾すると申請した後3年以内に開墾することなどの条件付きで、墾田の私有をみとめた。

農民たちの負担

農民たちは、年齢や性別によって税を納めました。年齢は3段階に分けられていました。

〔年齢の区別〕

正丁…21〜60歳の男子
次丁…61〜65歳の男子（老丁）と正丁の病人
少丁…17〜20歳の男子

重い負担からにげるため、土地を捨てたり（逃亡）、戸籍をいつわったりする者もいました。

さらなる負担

出挙の制

春に稲を貸し付けて、秋に返させる制度。政府が行うものでも、5割の利息を取った。5割の利息とは、例えば1000円借りたら、1500円返さなくてはいけないということ。次第に義務となった。

権力の移り変わり

恵美押勝の乱(764年)

藤原仲麻呂は、聖武天皇の娘孝謙天皇のもとで権力を持ちました。757年、橘諸兄の子、奈良麻呂の変をしずめて、翌年、淳仁天皇をたてました。その後仲麻呂は恵美押勝と名前を変え、太政大臣までなりましたが、僧の道鏡を重く用いる孝謙上皇と仲が悪くなり、乱を起こしました。結果は失敗で、淳仁天皇も共犯として流罪になりました。

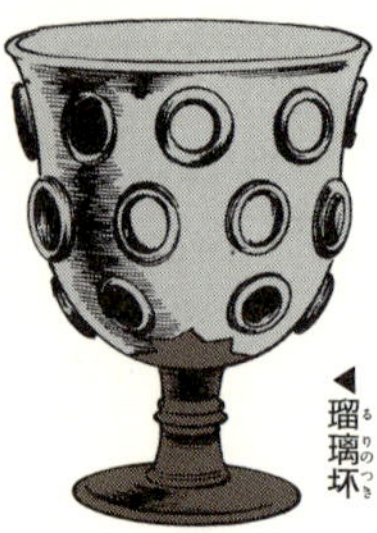

◀瑠璃坏

▲東大寺法華堂

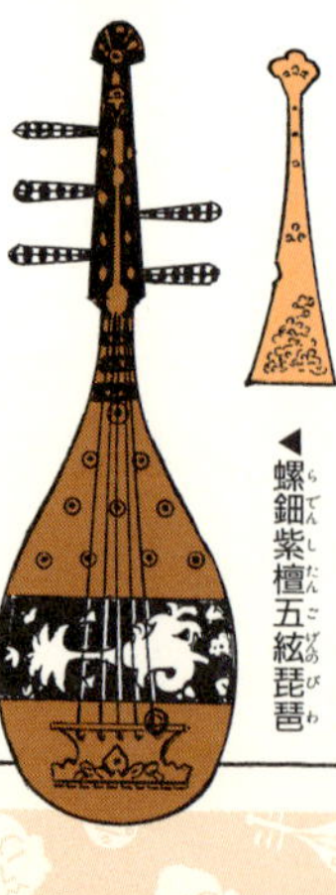

◀螺鈿紫檀五絃琵琶

◀興福寺阿修羅像

道鏡は大きな権力をもちました。

神の意思をたしかめたところ、道鏡を天皇にしてはいけないという結果が出ました。支援してくれた称徳天皇（孝謙天皇）がなくなると、道鏡も失脚しました。

天平文化

シルクロードを通って日本へ

鎮護国家思想のため、寺が多くでき、仏教文化が栄えました。また、唐の文化の影響も多く受けていました。

聖武天皇と光明皇后の遺品が、多く納められた東大寺正倉院には、外国から入って来た当時の宝物が残っています。瑠璃坏は西アジア産のガラス製で螺鈿紫檀五絃琵琶には、ヤシの木やラクダが描かれています。他にも唐やペルシアから伝わったものもあります。

歴史書の『古事記』『日本書紀』もできました。神話から天皇家の歴史が書かれています。日本最古の歌集『万葉集』もできました。

日本書紀（720年成立）
舎人親王らの編集。中国の歴史書を手本に年代順に書かれる。持統天皇までの歴史。

古事記（712年成立）
稗田阿礼が暗誦して太安万侶が筆記。神話から推古天皇までの歴史をまとめる。

万葉集（8世紀後半成立）
大伴家持が中心で編集か。和歌約4500首を収める。代表歌人に額田王、柿本人麿、山部赤人、大伴家持らがいる。

このころの世界の動き

711年
●ヨーロッパの西ゴート王国ほろびる。このころイスラム帝国栄える。

713年
●唐で玄宗皇帝が開元の治を始める。→楊貴妃が玄宗皇帝に気に入られる。「長恨歌」の題材に。

726年
●ビザンツ（東ローマ）帝国でキリスト教の偶像崇拝禁止。

751年
●中央アジア北部でタラス河畔の戦いが起こる。唐とイスラム教徒の戦い。→唐の捕虜から製紙法が西方に伝わる。

755年〜763年
●唐で安史の乱が起こる。→唐の力が衰え始める。

756年
●イスラム帝国が東西に分かれる。

楊貴妃と玄宗皇帝

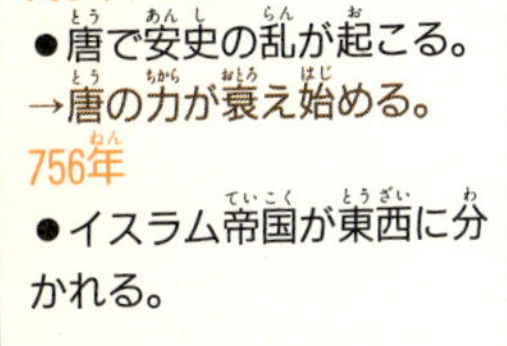

鑑真
688～763年
遣唐使の苦労と悲劇
753年日本に向かう船団があった
がんばれもうすぐ日本だぞー!!
何としても鑑真さまを守るんだ!!
そのひとつの船上には中国人の僧鑑真がいた

戒律…僧が守らなければならない決まり

戒律僧を
さがすため
唐に渡った
栄叡と普照
だったが
海を渡って
日本まで
来てくれる
僧には なかなか
めぐり会えなかった
そして 10年……
仏の教えを
広めるためなら
どこへでも
出かけ
ましょう
鑑真に
会えたので
ある……
だが
日本へ渡るのは
むずかしく
おまえら
海賊だな
ちがいます
嵐や盗賊などに
あたり
無実の罪を
きせられたり
5回も失敗して
しまった
とちゅう
栄叡は
病にたおれ
鑑真さまを
何としても
日本へ
鑑真さま!!
鑑真も
視力を失って
しまった
目は
見えなくても
仏の教えは
伝えられます

ザザァーッ
何とか嵐をやりすごせた
だいぶ船の数がへってしまったな
鑑真さまご無事で…
はい これも仏のご加護でしょう
おーい 陸だー!! 陸が見えたぞ!!
日本だ――!!
日本に着いたぞ!!
鑑真さま――!!
うっうむ
視力を失った私に今の光景を教えてくれ
はい 夜明けです 青々とした島の向こうから太陽がのぼって来ています
わかるぞ 何と暖かい感触だ…

太上天皇…天皇の位を降りた人。上皇ともいう。

天の原
ふりさけ見れば
春日なる
三笠の山に
出でし月かも
〔大空を見渡せば
故郷の春日(奈良)の
三笠山で見た月と
同じ月が出ている〕
月は
日本と同じ
なのに…
その後 仲麻呂は
日本に帰ることなく
唐でくらした
聖武太上天皇の
すすめで
唐招提寺を建て
多くの弟子を
育てた鑑真も
故郷に帰る
ことなく
日本で没した
その後
鑑真の弟子たちは
鑑真の木像を
作った
現在 この像は
唐招提寺にあるが
1980年
中国に送られ
人々の前に展示された
鑑真は木像となって
故郷に帰ったのだった

大仏様の大災難

奈良の大仏は、日本を仏教の力で守るために作られた。その大仏様も、ただ座っていただけではない。今までに大変な目にあってきているのだ。現在の大仏は、頭は江戸時代に、胴体は鎌倉時代に作り直されたものだ。
まずは855年に地震で頭が取れて落ちてしまった。作られてから100年以上たった時のことだから、少しガタが来ていたのだろう。
そんな自然の災害以外にも、人間のせいでも大変な目にあってもいる。奈良や京都は長い間都としてさかえたから、その分争いの起こることも多かった。平安時代後期、平氏と源氏という武士の二大勢力が争っていた（このことは、後でくわしく勉強するぞ）。1180年、平氏の平重衡が奈良の興福寺や東大寺を焼いてしまった。これらの寺が源氏方の挙兵に力を貸したため、平氏の怒りを買ったのだ。当時都のあった京都に比べると、奈良は南にあって南都と呼ばれていたためこの事件は南都焼き打ちといわれる。その時、大仏のおなかより上がとけてしまった。修理には重源という僧が努力して全国を回り、民衆の援助をもらい、鎌倉幕府も協力したのだ。
1567年には戦国武将の松永久秀が大仏殿を焼いてしまい、大仏の頭が焼けてしまった。この後長い間、頭のない大仏はほっぽらかしにされ、雨風にさらされていたのだ。
1684年になって、公慶という人が江戸幕府の許可をもらって修理にのりだし、1692年に開眼供養できた。公慶の死後、1709年には大仏殿も修復が完了したのだ。

花ひらく貴族政治

平安時代

794年～1192年

その1

平安時代
その1
歌会パニックの巻
急げっ本田!!
中川のヤツ
わしを差し置いて
カラオケ大会に
行ったんだぞ
そんなことは
ゆるせん!!
プップーッ
プーッ
何だ
この渋滞!!

かまわん行けっ!!
ギュオオッ
あれが渋滞の先頭か
うわっ!?

何だ牛車じゃないか!!
こんなのが道をふさいでいたんじゃ渋滞になる!!
キイッ
あそこに入っていくぞ!!
何だこの建物は!!

両さんメモ

838年、ハレーすい星が地球に大接近した。現在ではすい星がどんなものかわかっているけど、当時の人々には不吉なものに見えたんだ。仁明天皇は悪いことが起こる前ぶれだとして、仏に守ってもらおうとお経を書き写す「写経」を命じたりしたんだよ。

中川なんちゅーカッコしているんだ!!
平安時代の貴族の服ですよ今日は歌会ですから
歌会……?
和歌をよむやつだよ
歌会ってカラオケで飲んでさわいでもり上がるんじゃないのか!?
だから両ちゃんを呼びたくなかったのよ
何だ麗子まで!!

両さんメモ

平安時代の貴族は暦によって行動を決めていて、今日は外出するのに良くない日だ、とか理由をつけて仕事を休んだりしたんだ。そこで、堀河天皇は休みの日以外はちゃんと仕事をするようにというおふれを出したくらいだ。

※正確には、江戸時代は「発句」と呼ばれていて、「俳句」という名称は、明治時代に正岡子規がつけました。

ったく付き合ってらんないよ
しかし広い屋敷だな出口はどこだ?
げっ部長!!
こちらです
やばい逃げろ!!
さぼりがバレちゃうよ!!
ヒラッ
何だこの部屋は
平安時代の貴族の部屋みたい

こちらへ どうぞ
やばっ! となりの部屋に入ったぞ!!
どうする!?
僕 知らないよ!!
となりにも人がいるのか あいさつしとくか
ゴソッ
失礼します!!

本日の歌会よろしくお願いします
うっうむ
ん？
どうかしたのかえ
私の知っている者に似ていたもので…
ほほほ他人のそら似じゃろう麻呂は失礼するぞよ
よし今のうちに逃げるぞ!!
どた
どた
その衣装は和歌の先生!!
先生歌会が始まりますよ
えっおい？

ただ今より定例歌会を始めます
本日は先生もお見えです
先生は体調がすぐれなくてお休みって聞いたけど…
変ねえ
やばいよお どうするの
和歌なんてよめないよ
やっぱり変よ 先生
君たちもそう思うか
ジロ…
サッ

では先生から一首
おっおい
何かよまないとまずいよ!
よむったって……五・七・五・七・七だろ……
みじかびのきゃぷりきとればすぎちょびれふみかきすらのはっぱふみふみ
先生ったら相変わらず冗談がお好きですわ
ホントお上手ですわ
ホホホ
何とかやりすごしたなァ
うそみたい
それでは私から
かれ草をふみわけ出れば〜〜……
秋の夜もみじまいちる〜〜〜〜……

※大人の女性が歯を黒く染めることを御歯黒といい、一時は男性にも広まりました。江戸時代には結婚した女性が行いました。

両さんメモ

960年に内裏が火事になってしまった。794年に平安京に都を移してから初めての火事だったんだ。そんなに長い間、一度も火事がなかったのに、この960年の火事の後はたびたび火事が起こるようになっちゃったんだぜ。

894年・白紙にもどそう遣唐使

両さんメモ

源為憲という人が、970年に自分が教えていた貴族の子どものために勉強の本を作ったんだ。これは口遊といって、暗唱して覚えやすいようにできていた。なんとこの中には算数の九九もふくまれていた。今とはちがい、大きい数から始まっていたそうだ。

平安時代・その1

794年～1192年

貴族の華やかな都 平安京

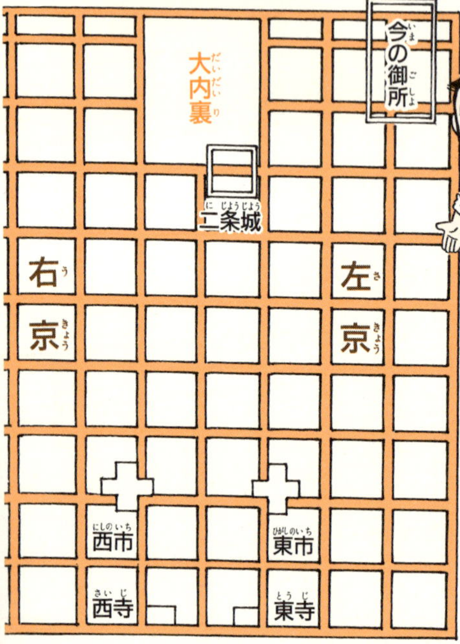

南北…約5.2km 東西…約4.5km

右京は沼地が多かったため、左京を中心にさかえました。大内裏から見て左が左京です。

こち亀パトロール

たたられた長岡京

784年に長岡京に都がうつされたが、翌年に都造りの責任者の藤原種継が暗殺されてしまった！ 犯人としてつかまった桓武天皇の弟、早良親王は無実をうったえたまま死に、亡霊になって、たたったんだ。長岡京に都があった10年は、平安時代に入れないぞ。

桓武天皇の政策

奈良時代後半、僧や寺院が口を出して乱れた律令政治を立て直そうとしました。

律令制の立て直し

・地方政治の見直し
・班田収授・税制改革
・兵制の改革

→148ページ

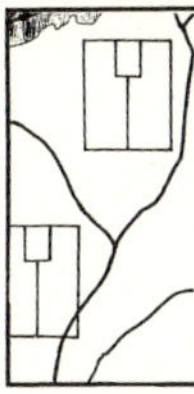

平安京遷都

寺院勢力が強く、大仏作りで川などがよごれてしまったため、京都へうつった。

新仏教の保護

奈良の仏教とはちがう新しい仏教を保護した。

→150ページ

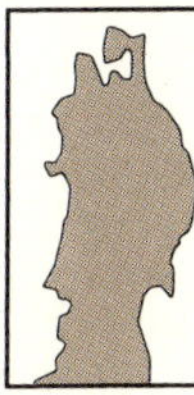

東北支配

中央政府にしたがわない、東北の蝦夷を支配しようと兵を送った。→148ページ

政治の立て直し

兵制の改革

税などの重い負担によって、農民の生活が苦しくなると、農民を集めて作られていた軍団の力が、おとろえました。そこで、農民を集めた軍団をやめ、郡司などの子弟を兵として集める、**健児の制**を定めました。

班田収授・税制改革

これまでは、6年ごとに戸籍を作っていましたが、なかなか実現できなくなったため、12年ごとに改めました。

雑徭の日数も半分にへらして、農民の負担をへらすように努めました。

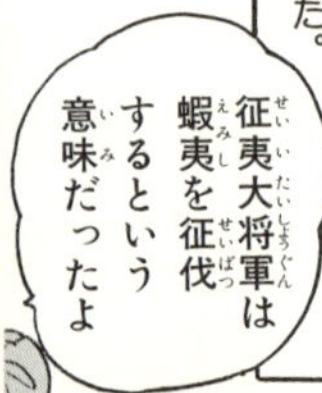

東北遠征

征夷大将軍 坂上田村麻呂

征夷大将軍
坂上田村麻呂

地方政治の見直し

律令をおぎなうもの

810年、平城上皇を再び天皇にしようとする薬子の変がおきました。この時、嵯峨天皇は、天皇の機密文書をあつかう蔵人という官職を作りました。また都の治安維持のために、検非違使という、警察のような官職を置きました。蔵人も検非違使も、律令に規定のない新しい官職です。

律令を補足、修正する「格」や律令を行う規則の「式」も、整理されました。

桓武天皇
- 平城天皇
- 嵯峨天皇

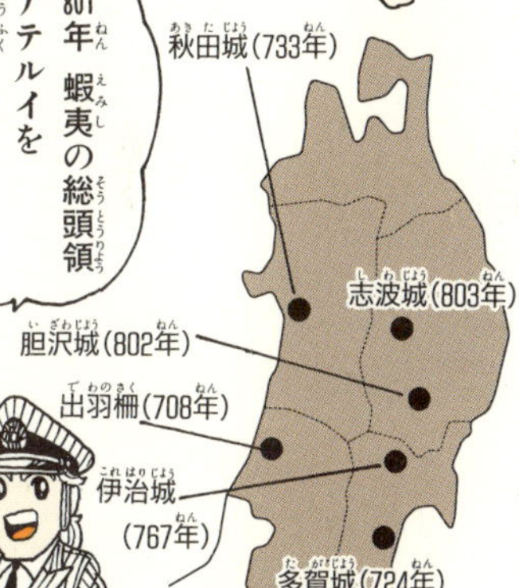

797年、征夷大将軍に任命された坂上田村麻呂は、東北へ出兵しました。朝廷は、東北の各地に城や柵を築いて、支配を強めようとしました。

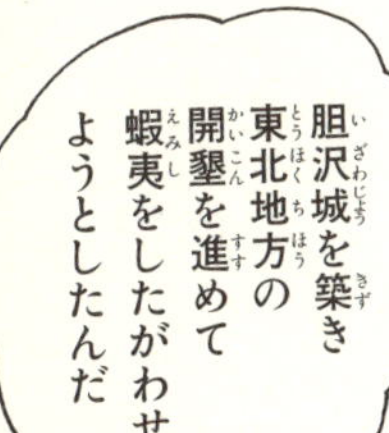

新たな仏教

奈良の仏教勢力をきらった桓武天皇は、新しい仏教を広めようとしました。

804年、最澄と空海は遣唐使船で唐へわたり、仏教を学びました。最澄は805年、空海は806年に日本へ帰って来て、新しい仏教を広めます。最澄は天台宗、空海は真言宗を開きました。これらの仏教は、きびしい修行をし、加持祈禱という祈りをする、密教と呼ばれるものでした。

〈最澄〉
仏教の宗派…天台宗
寺院…比叡山延暦寺

〈空海〉
仏教の宗派…真言宗
寺院…高野山金剛峯寺

空海は、教王護国寺(東寺)をあたえられ、教えを広めた。

空海は庶民の教育のため綜芸種智院を建てるなど、社会事業につくしました。そのため人々にしたわれ、泉をわかせたなどの伝説が各地に残っています。

※「弘法も筆の誤り」(名人でも失敗はあるものだ)の弘法は空海のこと。書道の名人、空海にも書きまちがいはある、ということ。

藤原氏の勢力拡大

大化の改新以来さまざまな政治の表舞台に登場する藤原氏

901年 道真左遷

宇多天皇のもとで力をつけた右大臣菅原道真が、むほんの疑いで大宰府へ左遷される。→藤原時平が力を持つ。

秀才・菅原道真

学者の家柄に生まれた菅原道真は、宇多天皇のもとで出世しました。894年、唐の混乱を理由に遣唐使の廃止を提案しました。これにより、国風文化がおきました。

842年 承和の変

伴健岑と橘逸勢らが、むほんを計画したとして流罪になった。藤原良房のおいが皇太子の位につく。

→伴氏の失脚をねらう。

866年 応天門の変

平安京大内裏にある応天門が火事になり、放火の犯人として、伴善男がとらえられた。5か月もたってから目撃者が名乗り出るなど、なぞが多い。→伴氏の没落、藤原良房摂政に。

大宰府
九州全土を統治する機関。重要な役所だが、都から行かされるのは、官位を下げられることであった。

969年 安和の変

左大臣源高明が、むほんを計画したとして大宰府へ左遷。→以後、摂政・関白が常に置かれるようになり、藤原氏全盛期へ向かう。

藤原氏にむほんの疑いをかけられ、大宰府に左遷されて、そこでなくなりました。その後、藤原時平がなくなったり、都に雷が落ちたりして、道真のたたりだとうわさされました。

こち亀パトロール

たたりはこわい!!

このころの人々は、悪いことが起きたり、病気になるのは、たたりやのろいのせいだと考えたんだ。

神や死んだ人のいかりをしずめるために、神社を建てたりもしたんだ。京都の北野天満宮は、菅原道真のいかりをしずめるためにできたぞ。

思ふ望月の欠けたることもなしと思へば

藤原全盛期の摂政・関白

天皇	摂政	関白	天皇	摂政	関白
清和	藤原良房		花山	藤原兼家	
清和	藤原基経		花山		藤原兼家
光孝		藤原基経	花山		藤原道隆
朱雀	藤原忠平		一条	藤原道隆	
朱雀		藤原忠平	一条		藤原道隆
冷泉		藤原実頼	一条		藤原道兼
円融	藤原実頼		後一条	藤原道長	
円融	藤原伊尹		後一条	藤原頼通	
円融		藤原兼通	後一条		藤原頼通
円融		藤原頼忠	後三条		藤原教道

こち亀パトロール

市聖・空也が行く

阿弥陀仏にすがって念仏をとなえれば、死後に極楽浄土に生まれ変われる、という浄土教が起こりました。平安時代中ごろから、災害や疫病で乱れた社会に不安を感じていた人々の間に広まりました。僧の空也は、諸国をまわり、常に「南無阿弥陀仏」ととなえ、民衆に念仏をとなえることをすすめました。

▶空也上人像

藤原道長の栄華

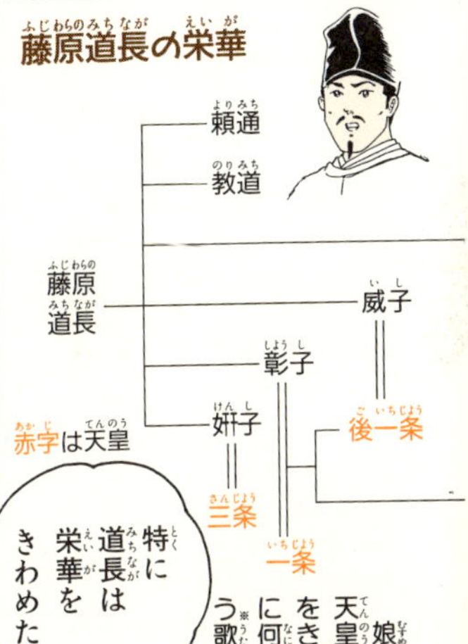

娘の生んだ子が次々と天皇になり、道長は栄華をきわめました。この世に何も不足はない、という歌※が残っています。

※この世をば 我が世とぞ

貴族のくらし

貴族の遊び

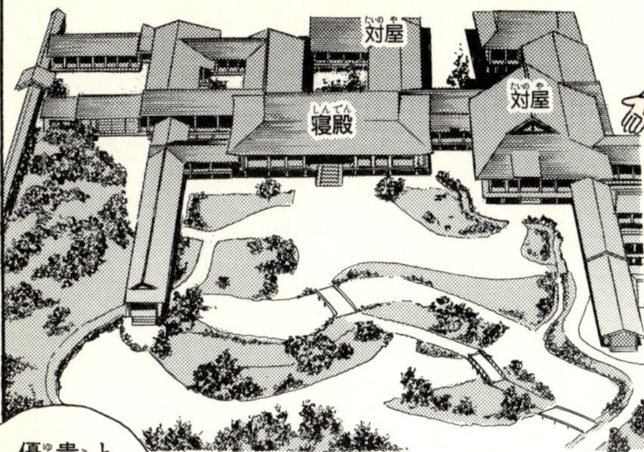

主人が住む寝殿を中心に建て、家族の住む対屋があります。建物は渡殿というろうかで結ばれていました。庭には池や小高く土をもった築山があり、庭を見る釣殿もありました。

平安時代は、「車」といえば、牛車を指しました。

和歌や琴、琵琶などの音楽は貴族のたしなみでした。貝に描かれた絵がらを合わせる貝合わせや囲碁、双六をしたり、香をたいて香りを楽しんだりしました。男性は、けまりなど外で楽しむ遊びもしました。

こち亀パトロール

庶民はつらいよ

こうして貴族の生活を見ていると、平安時代は、すごくゆたかな時代みたいな気がするよな。でも、そんな優雅にくらしていたのは一部の貴族だけなんだ。

庶民は平安時代になっても、竪穴住居に住んでいる人も多かった。多くの税をはらって、苦しい生活をしていたぞ。貴族のゆたかな生活は、庶民の税がささえていたんだ。

国風文化

安	以	宇	衣	於
あ	い	う	え	お
阿	伊	宇	江	於
ア	イ	ウ	エ	オ

醍醐寺五重塔▶

平安時代の文学

源氏物語
紫式部作。11世紀初めに成立。天皇の子として生まれた光源氏の一生を、恋を中心に書いた長編物語。平安時代の文学の最高傑作で今も世界的に有名である。

枕草子
清少納言作。10世紀後半～11世紀初めに成立。宮廷生活のようすや自分の考えなどするどい視点で書かれた随筆。源氏物語とともに平安文学の双璧といわれる。

更級日記
菅原孝標の女作。平安時代中期成立。

蜻蛉日記
藤原道綱の母作。平安時代中期成立。

▲平等院鳳凰堂

日本独自の文化が花開く

▲法界寺阿弥陀堂壁画飛天

浄土教の影響を受けた仏像や建物が作られました。

平等院阿弥陀如来像 ▶

こち亀パトロール

男性だってがんばるぞ

平安文学というと、女性作家ばかりだと思われがちだが、男性だってがんばっていたぞ。

まずは紀貫之。古今和歌集という歌集の撰者でもある貫之は、歌はもちろん文章にもすぐれていたぞ。「土佐日記」という日記も残しているんだ。でもこれは、女性のふりをして書いてあるんだ。

歌では在原業平も有名だな。平城天皇の孫で、美男として有名なんだぜ。「伊勢物語」は業平をモデルにした話といわれるぞ。華やかな恋の話が書かれてるんだ。

男性だって、がんばっていたんだぞ。

紫式部

生没年不明

平安文学界の最高峰

当時の上流貴族は
娘を天皇のきさきに
するために
教養を身につけ
させようとした
そんな上流貴族の
家庭教師の役割を
したのが女房だった
女房は中・下流貴族の
娘たちがなった
前の関白 藤原道隆の
娘で一条天皇の皇后
定子には清少納言が
女房としてついていた
紫式部は
身分の低い貴族の
家に生まれたが
父・藤原為時は
有名な学者で
あったので
幼いころから
すぐれた才能を
持っていたという
藤原宣孝と結婚し
子どもを産んだが
やがて宣孝が病死し
彰子の女房となった

あれは道長さま
なんて華やかな世界でしょう
式部
この書は？
あっ これは私がひまな時に書いた物語です
彰子さま
とてもお見せできるようなものではありません
いいえ とても楽しく読ませてもらいました
私は幼いころから宮中へ入ったのでかぎられた世界しか知りません だから 物語にとても興味があるんです

公達…上流貴族の子どもたちのこと。

絵崎教授の特ダネファイル

バトル!! 鬼退治

「四天王」って聞いたことがあるかな? 元々は仏教の守り神のことなんだが、それから転じて、ある道にもっともすぐれた四人衆のことを四天王と呼ぶようになったのだ。

平安時代に源頼光という、当時では一番腕の立つ武士がいた。その家来にも武芸にすぐれたものが四人いて、源頼光の四天王と呼ばれていた。渡辺綱、坂田金時、碓井貞光、卜部季武の四人だ。この四天王は、なんと鬼退治したことで有名なのだ。

京都にある大江山に住む鬼が、若い娘をさらう事件が続いていた。貴族の娘もさらわれて困っていた。そこで頼光と四天王は、さらわれた娘を助けることになったのだ。神様から人が飲むと酒、鬼が飲むと毒になる飲み物をもらい、山伏に化けて大江山に乗りこんだ。

鬼の頭は酒呑童子といった。道に迷ったふりをして鬼のすみかに入れてもらった四天王たちは、神からもらった不思議な酒を鬼にすすめた。初めはあやしがっていた鬼たちも、次第にお酒を飲み出しいい気分に。そして、お酒のききめが現れてくると、四天王たちはかくし持っていた刀で酒呑童子を始めとする鬼を退治し、娘たちの救出に成功したのだ!

四天王のひとり、渡辺綱は他にも平安京の入り口ともいえる羅城門にいる鬼を退治したという伝説も残っている。そして坂田金時の幼名は金太郎。そう、むかし話の金太郎は、この金時の子どものころのお話なのだ。

平安時代

勢力をのばす武家社会

794年～1192年

その2

平安時代　その2
—おごれる両津、久しからずの巻—
今日の対戦相手もたいしたことなかったな、
これで わがコンバットチーム〝ゴリラ〟の連勝記録がのびたわけだ
もうわしらにかなう相手はいないだろう
両さんチームに入りたいというメールがずいぶん来ているぞ
それに訓練指導を受けたいというチームも

両さんメモ

関東で反乱を起こした平将門は、武術にすぐれていて大変おそれられていた。その将門は殺された後、たたりをおそれて神としてまつられるようになったんだ。将門をまつっているのが、東京にある神田明神だぞ。

前九年の役が起こる

その繁栄ぶりは
摂関家も
しのぎ
福原(兵庫県)に
都を作ったり
宋(中国)との
貿易を独占して
富を築いたり
したんだ
さらに
平清盛は
武士で初めて
太政大臣になり
太政大臣
平清盛
娘
清盛の娘・徳子
夫婦
高倉天皇
子
安徳天皇
一族から
天皇も出した
くらい
ですから
しかし 平氏は
あまりにも
おごりすぎたため
貴族や民衆の
反感を買い
平氏を
うてっ!!
後白河法皇
ほろびることに
なったんです
わしらは大丈夫だ
ボルボを
始めとして
元プロ集団だぞ
ほろびるもんか

両さんメモ

1108年、白河上皇の側近の平正盛は、源義家の次男で乱暴者で有名な義親の追討を命じられ、あっという間にうち取った。これで平氏の株は大いに上がったけど、義親の死を疑うものも多く、あとあとまで義親を名乗るにせものが現れたということだ。

くそっ
なまいきなマネしやがって!!
ゴリラの強さを教えてやる
パーン
パパパッ
うわっ
いたた……やられた
宣戦布告と同時にせめるとは…みごとな奇襲だ…
散開しろ!!
パパ
うわっ
わしらの動きがつつぬけだ
…………

両さんメモ

平治の乱の後、源頼朝は14歳で伊豆に流罪になってしまった。そこで北条政子と知り合い、恋におちる。しかし、北条家は平家方だったので、政子の父の北条時政は大反対。でも政子は父のすすめる結婚をことわり、頼朝を選んだんだ。強い女だよな。

電極十

スーパー電子工機の社長の息子。ゲーム製作会社の社長でもある天才小学生。

両さんメモ

後白河上皇は、今様という歌謡が大好きだった。「梁塵秘抄」という今様の歌謡集を作ったほどだ。でも、あまりに今様が好きで、しょっちゅう歌っていたので、のどを3回もつぶしたことがあるそうだ。なにごともやりすぎはいかんぞ。

わっガケにもしかけが!!
うわっ
ボルボ!!
ズドン
ヒュルル
パパン
うわ
すごい兵器だ
無事なのはわしひとりか!!
もう完全に頭にきたぞ!!

両さんメモ

源義仲が平家軍に勝利した倶利伽羅峠の戦いで、平家軍の中に斎藤別当実盛という年寄りがいた。実盛は老人だとバカにされないように、白髪を黒くそめて戦いに参加してゆうかんに戦ったそうだ。老人をあなどってはいかんぞ。

平安時代・その2

794年〜1192年

地方政治の乱れと武士の出現

土地を守ったり、横暴な国司に対抗するために、武装して戦う必要がありました。

小武士団の棟梁も、本家のもとでは家の子となる。

武士の2大勢力

桓武平氏

桓武天皇を祖とする。桓武天皇のひ孫の高望王の子孫が有名。
赤旗がシンボル。

【桓武平氏系図】

- 桓武天皇 ― 葛原親王
  - 高棟 …… 時信
    - 時子（清盛の妻）
    - 滋子（高倉天皇の母）
    - 時忠
  - ○ ― 高望王
    - 国香 ― 貞盛
      - 維将 …… 北条氏へ
      - 維衡 ―（3代略）― 忠盛
        - 清盛
          - 重盛
          - 徳子（安徳天皇の母）
        - 経盛 ― 敦盛
    - 良将 ― 将門

【清和源氏系図】

- 清和天皇 ― ○ ― 経基 ― 満仲
  - 頼光
  - 頼信 ― 頼義 ― 義家 ― 義親 ― 為義
    - 義朝
      - 頼朝
      - 範頼
      - 義経
    - 義賢 ― 義仲

清和源氏

清和天皇を祖とする。清和天皇の孫、経基が源姓をもらったのが初め。後に名実ともに武家の棟梁に。
白旗がシンボル。

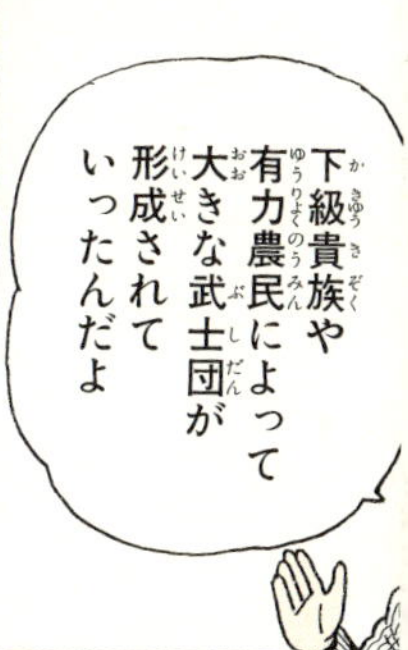

武士団のしくみ

武士団の頭を棟梁といいます。棟梁は、家の子（一族）や郎党（部下）をしたがえて、小武士団を作りました。これらの小武士団が本家のもとに集まり、大武士団を形成していました。

年	できごと
794	桓武天皇、平安京に遷都
801	坂上田村麻呂、蝦夷平定
805	最澄が天台宗を開く
806	空海が真言宗を開く
810	薬子の変が起こる
842	承和の変が起こる
866	応天門の変が起こる
894	遣唐使が廃止される
935	平将門の乱が始まる
939	藤原純友の乱が始まる
969	安和の変が起こる
1010	このころ源氏物語ができる
1017	藤原道長が太政大臣になる

日本：平安時代

中国：唐｜五代｜宋(北宋)

朝鮮：新羅

反乱する武士たち 承平・天慶の乱

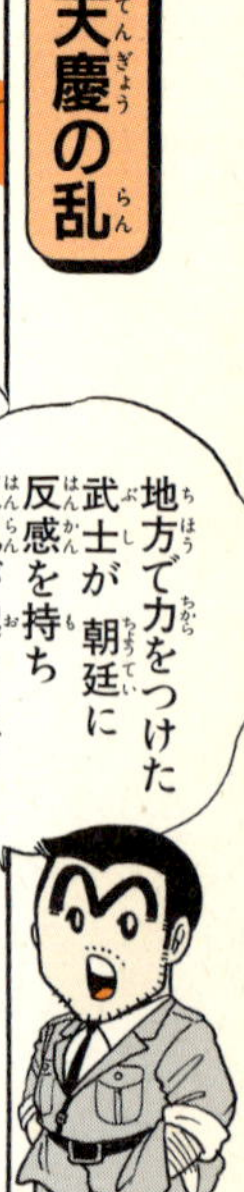

平将門の乱（935〜940）

10世紀前半、平氏は、下総国に勢力を広げていました。平将門は、父親の土地をめぐる問題で、おじの国香を殺しました。その後、国司の横暴に反感を持ち、朝廷に対して乱を起こし、関東一帯を支配して新皇と名乗り新しい政府を作ろうとしました。

朝廷は平貞盛、藤原秀郷らを使って、この乱をおさえました。

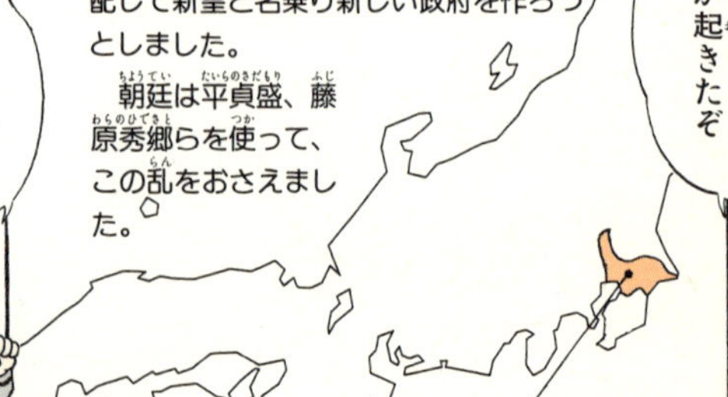

藤原純友の乱（939〜941）

瀬戸内海の海賊と手を結んだ藤原純友は、伊予や讃岐の国府をおそいました。朝廷は源経基らを使って、乱をしずめました。

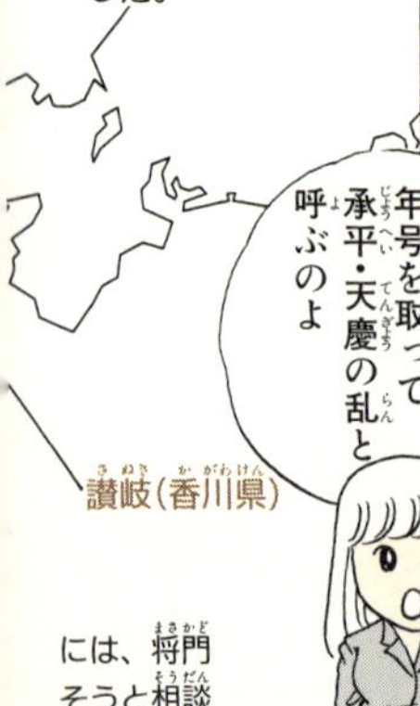

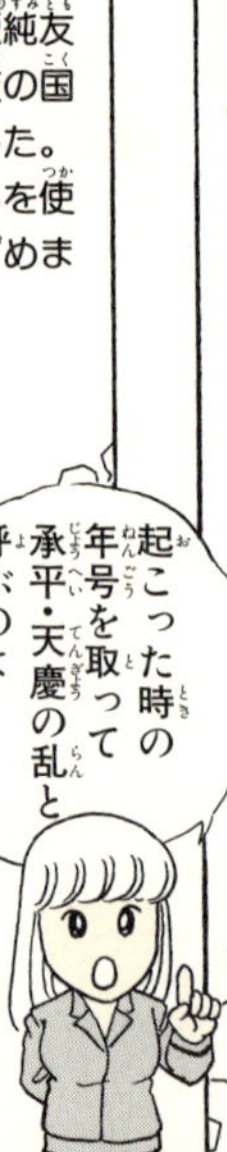

には、将門
そうと相談
る。

荘園の移り変わり

奈良時代に、開墾した土地の私有をみとめると、班田収授は、しだいに行われなくなりました。

貴族や寺社は、たくさんの土地を開墾して私有しました。これらの土地を管理した事務所を荘所というので、この私有地は荘園と呼ばれます。

初期のころの荘園は、税を納めていましたが、次第に税を納めなくても良くなります。それにより、貴族や寺社は富をたくわえました。

1051 前九年の役が始まる
1068 後三条天皇が即位する
1083 後三年の役が始まる
1086 白河上皇が院政を始める
1105 平泉に中尊寺が建てられる

高麗

国司は自分の富をたくわえるため、必要以上に高い税を開墾地にかける。

↓ ↓

自分の土地の権利を守るため、有力農民たちは、自分の土地を中央の有力貴族や寺社に寄進。貴族や寺社は一定の税（年貢）を取り、その土地を保護した。

有力農民は、荘官となって自分の土地の支配をすることができた。

なぜ寄進したの？

不輸の権

荘園にかかる租税をはらわなくても良いという権利。

不入の権

国司が税を取るために荘園に入ることを拒否できる権利。

これらの権利を、有力貴族や寺社は、政治的権力によって得ていました。貴族や寺社に寄進した土地にも、不輸・不入の権が適用されます。年貢を寄進先に納めれば、その他の収穫は、荘官のものになりました。

※「大鏡」という物語と純友が反乱を起こしたことになってい

源氏の活躍

こち亀パトロール

東国の源氏 西国の平氏

前九年、後三年の役を通じて、源氏は東国に勢力を持つようになったぞ。

もともと東国は、平氏の勢力が強い場所だったんだが、平将門の乱の後、勢力が弱まってしまったんだ。

東国を追われた平氏はどうしたか? 西国へ移って勢力をのばすようになったんだ。伊勢(三重県)に勢力を持った平氏の一派は伊勢平氏といって、桓武平氏の主流だ。後に平氏の天下を築く、平清盛も伊勢平氏だ。

こうして、東国の源氏VS西国の平氏の図式ができたぞ。

清原氏　出羽(秋田・山形県)の豪族。前九年の役で源氏に味方し、勢力をのばす。清衡以降は藤原氏と名乗る。

黄金で栄える 奥州藤原氏

1087年、後三年の役が終わると、勝利した清衡は、藤原氏を名乗って、平泉(岩手県)に館を築き、東北全体に勢力を持ちました。清衡、基衡、秀衡の三代にわたって栄えましたが、源義経をかくまったとして、源頼朝にほろぼされてしまいます。

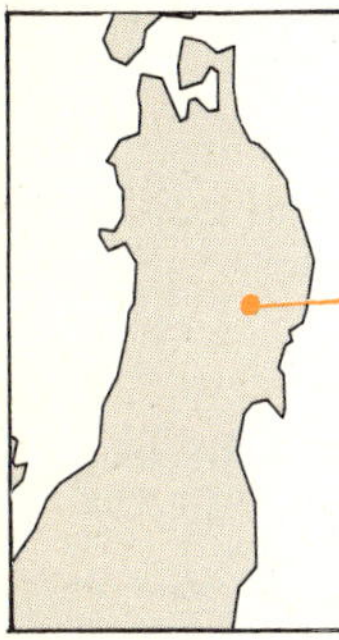

平泉　奥州藤原氏の拠点。平泉文化が栄え、地方都市では最大だった。

平等院鳳凰堂をまねた建物や、特産物の金を使って、中尊寺金色堂が建てられました。

力を持つ元天皇 院政の始まり

寺院も武力を持つ

後三条天皇の改革

一条天皇 ── 後朱雀天皇
三条天皇 ── 禎子内親王
後朱雀天皇・禎子内親王 ── 後三条天皇

藤原氏の娘を母に持たない後三条天皇は、自ら政治をしました。

・藤原氏に反感を持つ、中・下級貴族を重く用いた。
・地方政治の乱れを正そうとした。
・延久の荘園整理令を出して、不法な荘園を取りしまろうとした。　→記録荘園券契所を置いて、荘園の整理をした。
・米の量をはかるマスの大きさを決めた。

ゆたかな院の財政

政治の実権が、藤原氏から院へ移ると、荘園の寄進は院に集中しました。その結果、院の経済力は増しました。

白河上皇は、立派な鳥羽離宮を建て、そこに住んで政治の実権をにぎりました。

藤原氏の摂関政治は、天皇の母の実家が実権をにぎりましたが、院政では天皇の父や祖父が権力を持ちます。母方中心から父方中心へ、家族関係も変わっていきました。

院とは？

天皇の位を降りた上皇が、住んだ建物を院といいました。そこから上皇のことも院と呼びます。上皇が院で政治をすることを院政といいます。

上皇が出家して僧になると、法皇と呼ばれます。

こち亀パトロール

院にもできないこと？

ものすごい権力を持ち、何でもできた白河法皇にも思い通りにならないことが3つあったんだ。サイコロの目と、よく水があふれる鴨川の流れと、僧兵だ。思い通りにならないものが3つだけなんて、すごいよな。

日本	平安時代
年	できごと
1129	鳥羽上皇の院政が始まる
1132	平忠盛が昇殿をゆるされる
1152	平清盛が厳島神社を修復
1156	保元の乱が起こる
1158	後白河上皇の院政が始まる
1159	平治の乱が起こる
1160	源頼朝が伊豆へ流される
1167	平清盛、太政大臣になる
1177	鹿ケ谷の陰謀
1180	以仁王の令旨が出される 都が一時福原にうつる 源頼朝が挙兵する 富士川の戦いで源氏が勝利
1183	倶利伽羅峠の戦い
1184	宇治川の戦い
中国	宋（南宋）
朝鮮	高麗

肉親同士の争い 保元の乱

白河法皇の後は、鳥羽上皇が権力を持ちました。瀬戸内海の海賊を退治した、平忠盛、清盛父子は鳥羽上皇に気に入られました。

内裏に上がることを昇殿といい、身分の高い貴族だけが昇殿をゆるされていました。平忠盛は、武士として初めて昇殿をゆるされました。武士が地方だけでなく、中央でも力をつけていきました。

一の谷の戦い
源頼朝が公文所と問注所を置く
1185 屋島の戦い
壇の浦の戦い
平氏がほろぶ
源頼朝が守護と地頭を置く
1189 藤原泰衡が源義経を攻め、自殺に追いこむ
源頼朝が奥州藤原氏をほろぼす

保元の乱の対立

天皇側（勝）		上皇側（負）
後白河天皇（弟）	←→	崇徳上皇（兄）
藤原忠通（兄）	←→	藤原頼長（弟）
平清盛（おい）	←→	平忠正（おじ）
源義朝（子）	←→	源為義（父）

武士同士の争い 平治の乱

※1158年、上皇になっている。

平氏の繁栄

命拾いした頼朝・義経

源義朝は、後に鎌倉幕府を開く源頼朝の父親だ。平治の乱で義朝は戦死し、13歳の頼朝もつかまってしまった。清盛は、頼朝も殺そうとしたが、清盛の義理の母がとめたため、頼朝は命を助けられ伊豆に流罪で

こち亀パトロール

すんだんだ。

　頼朝の弟、義経は母の常盤御前が苦労して手をつくすことで命を助けられ、寺にあずけられたんだぞ。

　こうして命拾いしたふたりは、後に平氏一族をほろぼす中心となっていくんだから、皮肉なもんだよな。あの時殺しておけば…と清盛はくやしがっていたかもしれないな。

横暴な平氏への不満

平氏が政治を独占すると、あちこちから不満の声が上がりました。

1177年、平氏に不満を持つ者が集まって平氏をたおす計画を立てました。そこでは瓶子(徳利)をたおして、うさをはらしました。しかし、この計画は平氏にばれ、計画に加わった僧の俊寛らは、罰せられました。これを鹿ケ谷の陰謀といいます。後白河法皇も陰謀に関係したとされ、清盛と法皇は対立を深めました。

その後、このように平氏をたおす計画が起きないように、子どもを使ってスパイさせました。

※以仁王…後白河天皇の皇子　※令旨…天皇以外の皇族の出す命令

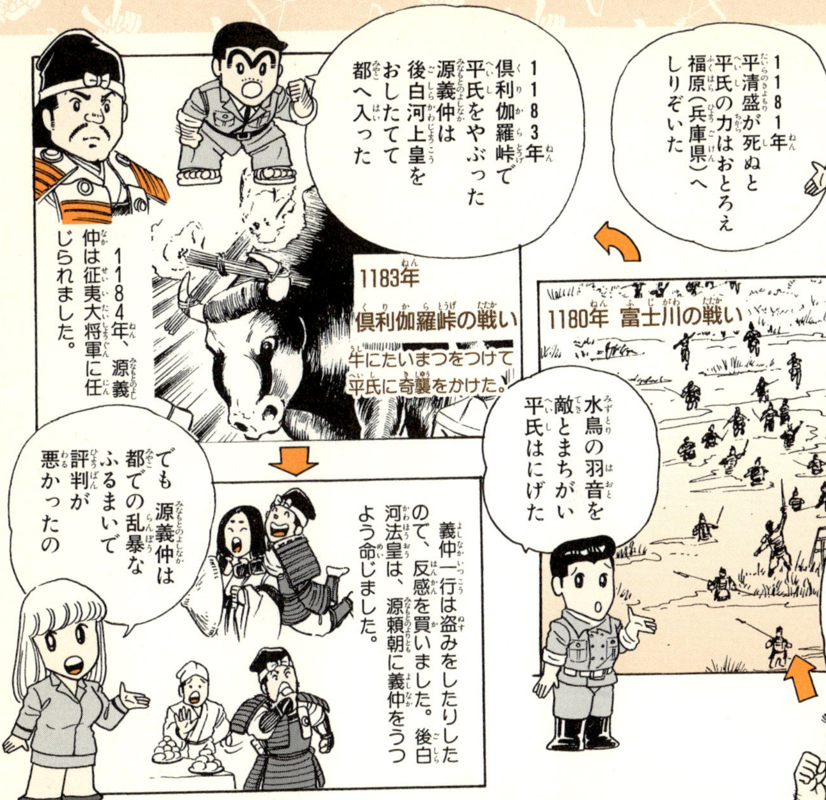

こち亀パトロール

義仲と巴御前

巴御前

源義仲

源義仲は、信濃(長野県)の木曽谷で育ったので、信濃源氏や木曽義仲とも呼ばれるんだ。義仲は頼朝とはいとこだ。

義仲のそばには、いつも巴御前とよばれる美しい女性がいたんだ。女性でも馬に乗り、勇ましく戦っていたんだぞ。

義仲と巴御前は乳兄弟の関係だ。巴御前の母親が、義仲の乳母だったんだ。むかし貴族や武家の奥方は、自分の乳で子どもを育てず、乳をあたえる乳母をやとったよ。貴族や武家の子と乳母の子とを乳兄弟というんだ。

平氏の滅亡

源平合戦で活躍したのが源頼朝の弟の義経だ
義経は戦いの天才で奇襲戦法で平氏を次々とやぶった!
1184年 一の谷の戦い
鵯越という急坂からふいをつき、義経軍、圧勝。
一の谷
屋島
1185年 屋島の戦い
義経は背後から攻撃し源氏の勝利。
義経は都で反感を買っていた源義仲をうち後白河法皇の信用をえた
1184年 宇治川の戦い
後白河法皇のたくらみ
ともだおれさせよう
後白河法皇は頼朝と義経を戦わせようとはかったんだ
わしをうつ気だな
これで頼朝は弟の義経をうつことになるのよ
そんな!!
源頼朝
源義経
奥州藤原氏の滅亡
義経は奥州藤原氏をたよった
兄の頼朝に追われることになった義経は、幼いころ世話になった奥州藤原氏を
義経をさし出すか……

1185年

壇の浦の戦い

源平最後の戦い。負けた平氏は入水し、ほろぶ。

琵琶法師

琵琶をひきながら物語を語る、目の不自由な僧の姿をした者。

源氏の天下へ

たよって東北ににげました。藤原秀衡は頼朝にしたがわず、義経をかくまいました。しかし、秀衡の死後、息子の泰衡は、頼朝をおそれて義経を攻め、自殺に追いこみます。その後、頼朝は、命令にしたがった泰衡をも攻めほろぼしてしまいました。ここに奥州藤原氏も滅亡しました。

※三種の神器…天皇家に伝わる剣、玉、鏡。

このころの世界の動き

800年
・フランク王国国王、カール大帝が、ローマ皇帝の冠をあたえられる。→西ヨーロッパが安定。

843年
・フランク王国がフランス、ドイツ、イタリアの3つに分裂する。

907年
・中国で唐がほろぶ。

911年
・北フランスにノルマンディー公国ができる。

918年
・朝鮮に高麗ができる

960年
・中国に宋ができる。

962年
・神聖ローマ帝国ができる。

1038年
・セルジューク朝ができる。

1096年
・第1回十字軍の開始→キリスト教の聖地エルサレムを、イスラム教徒から取りもどす戦い。

十字軍

祇園精舎の
鐘の声
諸行無常の
響きあり
沙羅双樹の
花の色
盛者必衰の
理をあらわす
驕れる人は
久しからず
ただ春の夜の
夢の如し
「平家物語」より
ベベン
ベベン
こち亀版
平家物語
平治の乱で
その地位を
かためた
平氏一族は
栄華をきわめ
重要な官職は
平氏一族で占め
一族から天皇も出した
太政大臣 平清盛
後白河天皇
滋子
時子
平時信
高倉天皇
徳子
安徳天皇
平忠盛
清盛

かむろと呼ばれる子どもがスパイとして平氏に反対する者を見はった
平氏にあらずんば人にあらず
宋との貿易も独占し富をたくわえた
だが そんな平氏に対する反感は日に日に高まっていった
以仁王の平氏討伐の令旨を受けて挙兵した源頼朝は富士川の戦いに勝利！
そして その源頼朝の陣へ向かう若武者の姿があった
頼朝の弟 源義経（本田速人）と⬇
⬆その家来 武蔵坊弁慶（両津勘吉）である

もう
つかれたよお
僕も馬に
乗せてよ
源氏の
直系だろ！
このくらいで
弱音を
はくな!!
好きで
生まれた
わけじゃ
ないもん
ガタガタ言うな
武士は家来を
いたわるもんだ
都では平清盛が
死んだって
言うし
富士川では
源氏が勝利した
源氏について
おけば 恩賞に
ありつけるし
うまいものも
食える
源氏の陣
弟 義経さまが
お着きです!!
総大将 源頼朝
（中川圭一）
これが
私の弟……
うわ～ん
こわそーな人
ばかり……

義仲は倶利伽羅峠の戦いで、牛の角にたいまつをつけて、平氏の大軍につっこませたといわれる。

義仲はいとこ…
かと言って
法皇の命令には
逆らえないし…
どうしたものか
何戦か!?
行くぞーっ!!
義経っ
やだよ
弁慶っ
あっ
戦に勝てば
恩賞がもらえる
しかも京都だ
うまいもんも
あるぞ!!
やだぁ
こわいよ
戦は
きらいだよぉ
京都 宇治川
おまえが
総大将だろ
とっとと馬で
つっこめ!
えっ
やだよ!!
ごちゃごちゃ
言うな
やだァ
こわい!!

おらおら
ブッ飛ばすぜ!!
この戦いは義経軍の勝利に終わり
義仲は粟津(滋賀県)でうたれた
こうして源義経は京都に平和を取りもどした

そして義経は後白河法皇から平氏をうち三種の神器を取りもどすよう命を受け
兄の源範頼とともに福原（兵庫県神戸市）へと兵を出した
三種の神器とは正統な天皇家に伝わるもので
三種の神器
●八咫鏡
●草薙の剣
●八尺瓊勾玉
当時の天皇安徳天皇とともに平氏が所持していた
範頼さま義経さまが見えません
何!?
おらぐずぐずするな
おいこら義経!!

何でえ ダンナ
本隊が見えんぞ 道がちがうんじゃねえのか
細かいことは気にするな 行くぜ!!
鵯越(兵庫県)
うわーん
おいっ どうするんだ!! 迷子になっちまったろ
おうち帰りたいよぉ〜〜
しようがねえなァ 引き返すしかねえか
泣いてないで馬に乗れ!!
ぐすん

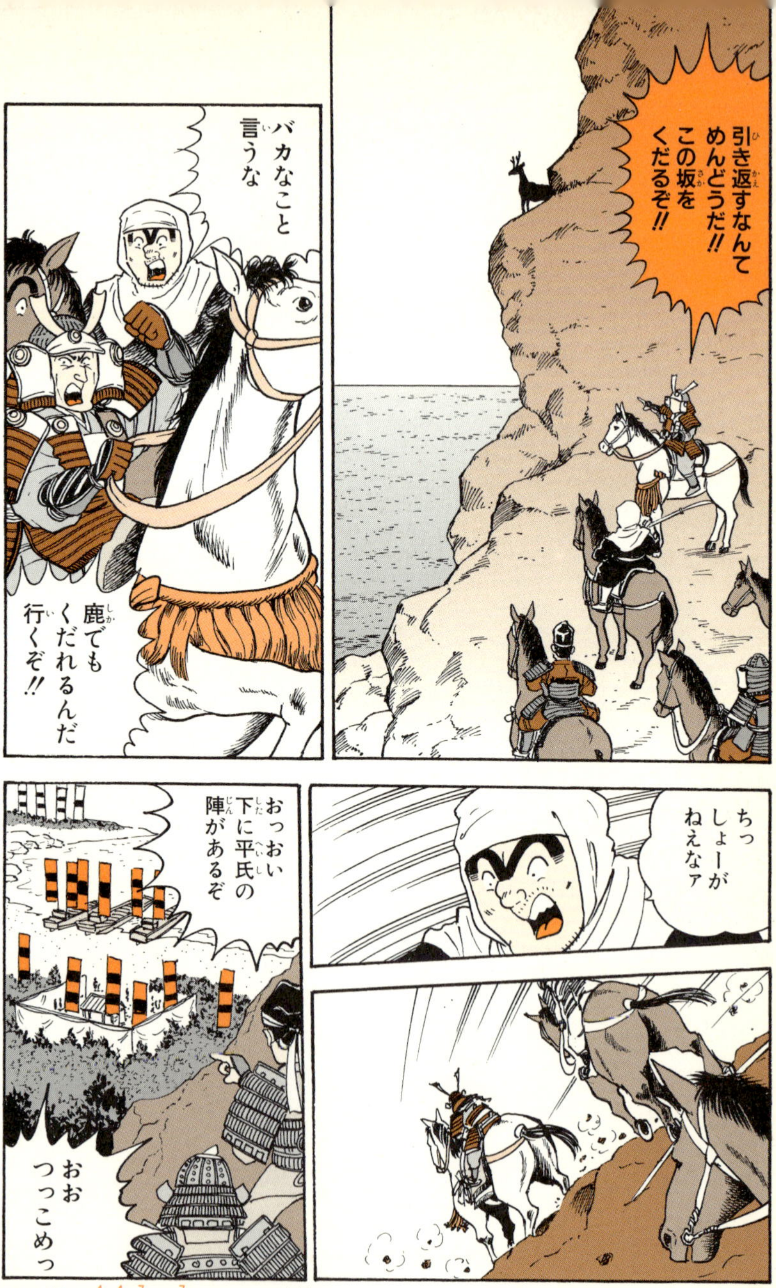
引き返すなんてめんどうだ!!この坂をくだるぞ!!
バカなこと言うな
鹿でもくだれるんだ行くぞ!!
ちっしょーがねえなァ
おっおい下に平氏の陣があるぞ
おおつっこめっ

わっ ガケから源氏が攻めて来た!!
この奇襲は平氏のフイをつき源義経軍の圧勝だった
世にいう鵯越の坂落としである
さらに屋島ににげた平氏をうつべく義経は……
だめだよ船は〜……気持ち悪いよ
船酔いかよ…なさけねえヤツだ
遠回りでもしょーがねえ陸路を行くぞ
瀬戸内海
淡路
屋島
香川県
阿波(徳島県)
勝浦
陸路を進み屋島の平氏の背後をつく作戦に出て勝利した

※平氏の軍は、海上での戦いが得意だった。

→これが有名な「義経の八艘飛び」だ!!

※静御前…義経が愛した女性。ふたりの話は能や歌舞伎となって伝わる。

実際の義経は?

源義経(1159〜1189)
幼名、牛若丸。

平治の乱の後、生まれたばかりの義経は命を助けられ寺で育った。幼名は牛若丸という。平氏との合戦では、数々の手がらを立てたが、兄の頼朝と仲が悪くなり、追われる身になった。奥州藤原氏をたよってにげたが、結局は自殺に追いこまれた。

しかし、民衆に人気のあった義経には、実は死なずに中国へにげて、モンゴル帝国の王、チンギス=ハンになったという英雄伝説もある。

早わかり土地制度の移り変わり

「土地がだれのものなのか」ということは、むかしから争いのもとになってきました。もっと歴史をよく知るためにも、土地制度の移り変わりを理解しておきましょう。

旧石器・縄文時代

土地はみんなのもの。
平等な社会。

↓

弥生時代

ムラとしてのまとまりができる。
大きなムラが小さなムラを統合する。

↓

古墳時代

統一王権が生まれる。王権の首長は大王、地方の有力者は豪族と呼ばれる。

豪族の私有地	大王の土地
田荘	**屯倉**

飛鳥時代

646年　公地公民

土地はすべて国のもの！

班田収授により、国が民衆に土地を貸す。

奈良時代

723年　三世一身の法

開墾した土地は、期限付きで、自分のもの！

743年　墾田永年私財法

開墾した土地は、ずっと自分のもの！

貴族の私有地、荘園が広まる。

↓

平安時代

貴族や有力寺院が、不輸の権、不入の権といった特権を手にする。（→P.177）

国司のきつい取り立てからのがれるため、有力農民は貴族や寺社に荘園を寄進して、土地を保護してもらう。

有力農民

寄進

貴族　寺社　院

貴族や寺社、院に荘園が集中する。

満点ゲットシリーズ
こちら葛飾区亀有公園前派出所 両さんの日本史大達人①

2001年3月14日　第1刷発行
2004年9月27日　第11刷発行

●キャラクター原作／秋本 治
●監修／吉村武彦
●こち亀まんが／池田俊一
●編集協力／フロッシュ（樋口智佳子）
●カバー・イラスト／伊藤秀明（銀英社）
●表紙イラスト／池田俊一
●本文カット／池田俊一、堀井徹、サイトウ・マン、
つぶらやなおと、黒木督之
●カバー・デザイン／ZOO（曽根陽子）
●本文デザイン／矢後雅代
●写植／昭和ブライト写植部

発行人　谷山尚義
発行所　株式会社　集英社
〒101-8050　東京都千代田区一ツ橋2丁目5番10号
電話　東京　03-3230-6024（編集）
03-3230-6393（販売）
03-3230-6080（制作）
Printed in Japan
印刷製本所　大日本印刷株式会社

ISBN4-08-314011-9 C8321